四特 教育系列丛书 SITEJIAOYUXILIECONGS

U0695896

趣味运动竞赛

《"四特"教育系列丛书》编委会 编著

吉林出版集团股份有限公司
全国百佳图书出版单位

图书在版编目（CIP）数据

趣味运动竞赛／《"四特"教育系列丛书》编委会编著.
—长春：吉林出版集团股份有限公司，2012.4
（"四特"教育系列丛书／庄文中等主编.学校体育竞赛与智力游戏活动策划）
ISBN 978-7-5463-8615-7

I.①趣… Ⅱ.①四… Ⅲ.①文娱性体育活动－运动竞赛－青年读物②文娱性体育活动－运动竞赛－少年读物
Ⅳ.① G89-49

中国版本图书馆 CIP 数据核字（2012）第 041996 号

趣味运动竞赛
QUWEI YUNDONG JINGSAI

出 版 人	吴 强	
责任编辑	朱子玉　杨　帆	
开　　本	690mm×960mm　1/16	
字　　数	250 千字	
印　　张	13	
版　　次	2012 年 4 月第 1 版	
印　　次	2023 年 2 月第 3 次印刷	
出　　版	吉林出版集团股份有限公司	
发　　行	吉林音像出版社有限责任公司	
地　　址	长春市南关区福祉大路 5788 号	
电　　话	0431-81629667	
印　　刷	三河市燕春印务有限公司	

ISBN 978-7-5463-8615-7　　　　定价：39.80 元

版权所有　侵权必究

前　言

　　学校教育是个人一生中所受教育的最重要组成部分,个人在学校里接受计划性的指导,系统地学习文化知识、社会规范、道德准则和价值观念。学校教育从某种意义上讲,决定着个人社会化的水平和性质,是个体社会化的重要基地。知识经济时代要求社会尊师重教,学校教育越来越受重视,在社会中起到举足轻重的作用。

　　"四特教育系列丛书"以"特定对象、特别对待、特殊方法、特例分析"为宗旨,立足学校教育与管理,理论结合实践,集多位教育界专家、学者以及一线校长、老师们的教育成果与经验于一体,围绕困扰学校、领导、教师、学生的教育难题,集思广益,多方借鉴,力求全面彻底解决。

　　本辑为"四特教育系列丛书"之《学校体育竞赛与智力游戏活动策划》。

　　学校体育运动会是学校教育教学工作的一个重要组成部分,是体育活动中的一个重要内容。它不仅可以增强学生的体质,同时,也可以增强自身的意志和毅力,并在思想品质的教育上,发挥不可替代的作用。学校通过举办体育运动会,对推动学校体育的开展,检查学校的体育教学工作,提高体育教学、体育锻炼与课余体育训练质量和进行学校精神文明建设等都具有重要的意义。本书旨在普及体育运动的知识,充分调动广大青少年学生参与体育活动的积极性,内容包括学校体育运动会各个单项的竞赛与裁判知识等内容,具有很强的系统性、实用性、实践性和指导性。

　　将智力和游戏结合起来,通过游戏活动达到大脑锻炼的目的,是恢复疲劳、增强脑力、重塑脑功能结构的主要方式,是智力培养的重要措施。

　　青少年的大脑正处于发育阶段,具有很大的塑造性,通过智力游戏活动,能够培养和开发大脑的智能。特别是广大青少年都具有巨大的学习压力,智力游戏活动则能够使他们在轻松愉快的情况下,既完成繁重的学业任务,又能提高智商和情商水平,可以说是真正的素质教育。为了使广大青少年在玩中学习,在乐中提高,我们根据青少年的生理、心理特点,特别编写这套书。我们采用做游戏、讲故事等方法,让广大青少年思考问题,解决难题,并在玩乐的过程中,循序渐进地提高智商和开发智力,达到学习与娱乐双丰收的效果。

　　本辑共20分册,具体内容如下:

　　1.《团体球类运动竞赛》

　　学校体育运动的目的是调动学生活动的兴趣,提高学生参加体育运动和各种活动的积极性和参与率,让学生在运动中才能体会到参与的快乐。本书就学校团体球类运动的竞赛与裁判问题进行了系统而深入的阐述,使学生掌握组织团体球类竞赛的方法体例科学,内容全面,具有很强的系统性、实用性、实践性和指导性。

2.《小型球类运动竞赛》

小型球类运动竞赛包括排球、羽毛球和乒乓球等比赛。学校体育运动的目的是调动学生活动的兴趣,提高学生参加体育运动和各种活动的积极性和参与率,让学生在运动中才能体会到参与的快乐。小型球类运动竞赛包括排球、羽毛球和乒乓球等比赛。本书就学校个人球类运动的竞赛与裁判问题进行了系统而深入的阐述,体例科学,内容全面,具有很强的系统性、实用性、实践性和指导性。

3.《跑走跨类田径竞赛》

学校体育运动的目的是调动学生活动的兴趣,提高学生参加体育运动和各种活动的积极性和参与率,让学生在运动中才能体会到参与的快乐。跑走跨类田径竞赛包括长短跑、跨栏跑和竞走等项目比赛。本书就学校跑走跨类田径运动的竞赛与裁判问题进行了系统而深入的阐述,体例科学,内容全面,具有很强的系统性、实用性、实践性和指导性。

4.《跳跃投掷类田径竞赛》

长期来,在技术较为复杂的非周期性田径项目的教学中,一般都采用以分解为主的教学法。这种教学法,教学手段繁琐,教学过程复杂,容易产生技术的割裂和停顿现象,特别是与现代跳跃和投掷技术的快速和连贯性有着明显的矛盾。因此,它对当前进一步提高教学质量产生十分不利的影响。本书就学校跳跃投掷类田径运动的竞赛与裁判问题进行了系统而深入的阐述,体例科学,内容全面,具有很强的系统性、实用性、实践性和指导性。

5.《体操运动竞赛》

竞技性体操包括竞技体操、艺术体操、健美操、技巧、蹦床五项运动。其中,竞技体操男子项目有自由体操、鞍马、吊环、跳马、双杠、单杠六项,女子项目有跳马、高低杠、平衡木、自由体操四项。本书就学校竞技体操运动的竞赛与裁判问题进行了系统而深入的阐述,体例科学,内容全面,具有很强的系统性、实用性、实践性和指导性。

6.《趣味球类竞赛》

学校体育运动的目的是调动学生活动的兴趣,提高学生参加体育运动和各种活动的积极性和参与率,让学生在运动中才能体会到参与的快乐。本书就学校趣味球类竞赛项目运动的竞赛与裁判问题进行了系统而深入的阐述,体例科学,内容全面,具有很强的系统性、实用性、实践性和指导性。

7.《水上运动竞赛》

水上运动包含五个项目:游泳,帆船,赛艇,皮划艇,水球。本书就学校水上运动的竞赛与裁判问题进行了系统而深入的阐述,体例科学,内容全面,具有很强的系统性、实用性、实践性和指导性。

8.《室内外运动竞赛》

室内运动栏目包括瑜伽、拉丁、肚皮舞、普拉提、健美操、踏板操、舍宾、跆拳道等,户外运动栏目包括攀岩登山,动感单车,潜水游泳,球类运动等。本书就学校室内外运动的竞赛与裁判问题进行了系统而深入的阐述,体例科学,内容全面,具有很强的系统性、实用性、实践性和指导性。

9.《冰雪运动竞赛》

冰雪运动主要包括冬季运动和轮滑运动训练、竞赛、医疗、科研、教学、健身、运动器材、冰雪旅游等。本书就学校冰雪运动的竞赛与裁判问题进行了系统而深入的阐述,体例科学,内容全面,具有很强的系统性、实用性、实践性和指导性。

10.《趣味运动竞赛》

趣味运动,是民间游戏的全新演绎,是集思广益的智慧创造,它的样式不同,内容各异。趣味运动会将"趣味"融于"团队"中,注重个人的奉献与集体的协作。随着中国经济文化的迅速发展,人们精神文化生活的丰富,趣味体育也有了更广阔的发展,成为一种新的时尚。本书就学校趣味运动的竞赛与裁判问题进行了系统而深入的阐述,体例科学,内容全面,具有很强的系统性、实用性、实践性和指导性。

11.《锻炼学生观察力的智力游戏策划》

发展观察力的游戏有"目测"、"寻找"、"发现"等。这些游戏可帮助学生加强观察的目的性、计划性,扩大观察范围,使孩子能更多、更清楚地感知事物。本书对锻炼学生观察力的智力游戏项目策划进行了系统而深入的阐述,体例科学,内容全面,具有很强的系统性、实用性、实践性和指导性。

12.《锻炼学生注意力的智力游戏策划》

注意力是儿童普遍存在的问题。他们在听课、做作业、看书、活动等事情上,往往不能集中注意力,也没有耐性。在人们的生活、学习和工作过程中,注意力起着非常重要的作用。有位教育专家说:注意力是学习的窗口,没有它,知识的阳光就照射不进来。本书对锻炼学生注意力的智力游戏项目策划进行了系统而深入的阐述,体例科学,内容全面,具有很强的系统性、实用性、实践性和指导性。

13.《锻炼学生记忆力的智力游戏策划》

记忆力游戏是一种主要依赖于个人记忆力来完成的单人或团体游戏。这类游戏的形式无论是现实或网络中都是非常多的,能否胜出本质上取决于个人的记忆力强弱,这也是一种心理学游戏。本书对锻炼学生记忆力的智力游戏项目策划进行了系统而深入的阐述,体例科学,内容全面,具有很强的系统性、实用性、实践性和指导性。

14.《锻炼学生思维力的智力游戏策划》

这是一本不可思议的挑战人类思维的奇书,全世界聪明人都在做。在这本书里,你会找到极其复杂的,也是非常简单的推理问题,让人迷惑不解的图形难题,需要横向思维的难题和由词语、数字组成的纵横字谜,以及大量的包含图片、词语或数字,或者三者兼有的难题,令你绞尽脑汁,晕头转向!现在,你需要的是一支铅笔和一个安静的角落,请尽情享受解题的乐趣吧!

15.《锻炼学生想象力的智力游戏策划》

学校的智力游戏活动主要是锻炼学生认识、理解客观事物并运用知识、经验等解决问题的能力,它是直接为学生提高学习能力而服务的,也是学生学习知识的实践运用,它不仅具有趣味性,更具有娱乐性。本书对锻炼学生想象力的智力游戏项目策划进行了系统而深入的阐述,体例科学,内容全面,具有很强的系统性、实用性、实践性和指导性。

16.《锻炼学生表达力的智力游戏策划》

语言表达能力是现代人才必备的基本素质之一。在现代社会,由于经济的迅猛发展,人们之间的交往日益频繁,语言表达能力的重要性也日益增强,好口才越来越被认为是现代人所应具有的必备能力。本书从大量的益智游戏中精选了一些能提高青少年记忆力的思维游戏,为广大读者提供一个检视自身思维结构,全面解码知识、融通知识、锻炼思维的自我训练平台。

17.《锻炼学生学习力的智力游戏策划》

学校的智力游戏活动主要是锻炼学生认识、理解客观事物并运用知识、经验等解决问题的能力,它是直接为学生提高学习能力而服务的,也是学生学习知识的实践运用,它不仅具有趣味性,更具有娱乐性。本书对锻炼学生学习力的智力游戏项目策划进行了系统而深入的阐述,在游戏中培养孩子的学习能力。体例科学,内容全面,具有很强的系统性、实用性、实践性和指导性。

18.《锻炼学生空间力的智力游戏策划》

学校的智力游戏活动主要是锻炼学生认识、理解客观事物并运用知识、经验等解决问题的能力,它是直接为学生提高学习能力而服务的,也是学生学习知识的实践运用,它不仅具有趣味性,更具有娱乐性。本书对锻炼学生空间力的智力游戏项目策划进行了系统而深入的阐述,体例科学,内容全面,具有很强的系统性、实用性、实践性和指导性。

19.《锻炼学生实践力的智力游戏策划》

社会实践即通常意义上的假期实习,对于在校大学生具有加深对本专业的了解、确认适合的职业、为向职场过渡做准备、增强就业竞争优势等多方面意义。也有些学生希望趁暑假打份零工,积攒一份私房钱。本书对社会锻炼学生实践力的智力游戏项目策划进行了系统而深入的阐述,体例科学,内容全面,具有很强的系统性、实用性、实践性和指导性。

20.《锻炼学生创造力的智力游戏策划》

本书对创造能力的培养进行研究,包括创造力的认识误区、创造力生成的基本理论、创造力的提升、管理者应具备的技能等,同时针对学生设计的游戏形式来进行创造力的训练。其实,想要激发孩子的创造力,你不必在家里放上昂贵的玩具和娱乐设施。一些简单的活动,比如和宝宝玩拍手游戏,或者和孩子一起编故事,所有这些都能让孩子进入有创意的世界。本书对锻炼学生创造力的智力游戏项目策划进行了系统而深入的阐述,体例科学,内容全面,具有很强的系统性、实用性、实践性和指导性。

由于时间、经验的关系,本书在编写等方面,必定存在不足和错误之处,衷心希望各界读者、一线教师及教育界人士批评指正。

编者

目　录

第一章

妙趣横生的娱乐竞赛

1. 赛"龙舟"

【参赛人数】

每队4人，每2个队为一比赛组。

【比赛道具】

红色布条若干。

【竞赛方法】

将竞赛者分成几队，每队竞赛者竖排一行，头扎红色布条，面向前蹲下，两手分别扶住前面一个竞赛者的腰，比赛开始，竞赛者同心协力蹲着前进，竞赛当中，不能松手，队伍自始至终不能有断队现象，最快到达终点的一队为胜利。

【竞赛规则】

必须蹲下前进，不得断队。

2. 泼水节

【参赛人数】

每次比赛有2队参加；每队5人（3男2女）。

【比赛道具】

（1）选择一个30平方米的草地，或水泥地进行竞赛。

（2）10双特制的大靴子。大靴子尺寸如下：靴长40厘米、靴宽20厘米、靴高50厘米、靴筒直径30厘米。可使用细纲丝扎制成大靴子的骨架。再在靴子里面裱糊两层，第一层为帆布第二层为塑料布，使用乳胶粘合剂。里面第一层帆布与靴子外面的第一层帆布，可以用针线缝连，以增加坚韧度。靴子外面再裱糊六层，一层帆布，一层塑料布间隔进行。最外层涂刷一层黑色油漆，待油漆干后，刷一层罩光漆或者清漆。

（3）10个大小一样的洗脸盆。

（4）两口大缸，盛满水；每队一口。

【竞赛方法】

两队 10 名队员，人人脚穿一双特制的大靴子，手端洗脸盆，里面盛有清水。各队的水缸要放置在场地的两端，队员只能取本队水缸中的水，否则算犯规。比赛开始，双方相互泼水，尽量把水泼进对方的大靴子中。如有人滑倒，无论有意无意，一律算犯规。比赛上半场为 10 分钟（5 分钟也可以，要视情况而定）。下半场，双方队员各自集中到己方水缸旁边。裁判一声令下，双方队员尽可能快地跑向对方的水缸旁，如有人跌倒，算为犯规。跑到水缸边，将靴中水倒入缸中，5 名队员全部倒完为结束。以时间长短决定名次，然后再计算小分，最终定出优胜者。

【竞赛规则】

第一名 10 分；第二名 8 分；跌倒一次扣 1 分。双方队员不许接触、碰撞，造成他人跌倒，否则，扣肇事方 1 分。

3. 鲤鱼跳龙门

【参赛人数】

每组参赛队由 5 人组成，每次 3 组。

【比赛道具】

（1）选择一处条件较优越的开阔水域（游泳池也可）约 400 平方米面积，水深以 1.5 米为宜。周围标以醒目的标志线。

（2）竞赛服装以鲜艳的民族服装为好，紧身，佐以喜庆吉祥的鲤鱼图案。在起点线至龙门处的水面，安置 10 个彩绘 9 个聚乙烯泡沫图板，每个直径为 80 厘米，厚 20 厘米，可用线穿起，要求不在一条直线，中间可错开。在距起点线 10 米处设置一座龙门。龙门以两根长 2.5 厘米的合金铝棍矗立水中，中间连一条色彩艳丽的绳子。以上各为 3 组。

秒表 3 只，哨子 1 只，小红旗 1 把。

【竞赛方法】

准备阶段。15 位选手身着服装，立于起点线。竞赛时，每组选手须等本组上一位选手跳过龙门（如掉入水中，作失败计算）方可进行比赛。

竞赛阶段。指挥员哨声响过，每组 1 名参赛队员开始向龙门冲刺。必须踩着水面的泡沫圆盘向前跑，不一定每只圆盘都踩到直到跳到最后一只圆盘，方可翻过龙门。第二位选手见第一位选手确已跳过龙门，可接着进行比赛，直到本组选手全部跳过龙门，比赛方可结束。

【竞赛规则】

以所用时间最短一组为第一名，以次类推。最后决出总分名次。凡比赛中掉入水的队员均不扣总分，但需从水中回到起点线；继续参加比赛。如参赛队员无一掉入水中，全部顺利跳过龙门，应给该队附加分。如第一名为 100 分，应变为 110 分。分数按如下方法分配：第一名为 100 分，第二名为 80 分，第三名为 70 分，第四名为 50 分，第五名为 40 分，第六名为 30 分。

4. 快乐的星期天

【参赛人数】

每小组 3 人，每 4 个小组为一比赛组。

【比赛道具】

（1）选择一片开阔的草地（平地亦可）；有一条河可以划船（小湖亦可游泳池亦可）。草地约 200 米长、10 米宽即可。河面宽度可同时容纳 4 条小船并列出发。

（2）红、黄、蓝、白 4 种颜色的小棋子备 100 粒。

（3）装棋子的小布袋 4 只，发给每个小组。

（4）独木桥 4 座，也可以用平衡木代替（亦可用砖块码成）。长度以 5～6 米为宜。小船 5 条，4 条比赛用，一条裁判用。

（5）划船用桨 10 把。

（6）泡沫塑料块制作的莲蓬 20 个。莲蓬呈圆锥形；大圆直径为

0.8米、高0.4米。使用泡沫塑料制作。将泡沫塑料用乳胶粘合成高0.4米、宽0.8米的长方形，用刀切削成莲蓬形状。使用化学糨糊搅和石膏粉（掺一定的水），刮抹在莲蓬表面，待干透后，刷上深绿色油漆，圆面上用墨绿油漆勾勒几个莲子外形就可以了。

（7）泡沫塑料制作的骰子一个。使用泡沫塑料、乳胶、化学糨糊、石膏粉。只是尺寸要求不一样。骰子为0.6米的正方体，漆成白色，上面使用两种颜色写字：前进使用红色，后退使用黑色。制作方法如莲蓬的制作方法。

【竞赛方法】

（1）过草地。当裁判宣布开始，哨响时，4个小组同时出发。首先通过一片开阔的草地，草地上事先在每一条道路上撒下100粒小棋子。每小组只许捡自己道路上的棋子，既要求拾得多，又要求走得快，并不要求100粒棋子全部捡回。小棋子要装进小布袋中，走过草地时，丢到终点的地上，由裁判收口并点数。

（2）过独木桥。要求每个队员都是单脚过桥，不许双脚落在桥面，也不许换脚。

（3）采"莲"过河。在小河边停靠4条小船，每条船上有两把桨，河面漂浮着一些泡沫塑料制作的"莲蓬"。以每小组采"莲"多少和渡河速度快慢为竞赛目的。

（4）掷骰子竞走。在渡河终点至竞赛活动终点之间，有4条跑道，长20米，宽2米，上面画满长0.25米的格子，计80格。每个小组有一个大骰子。骰子6个面分别有如下数字：前进5、前进10、前进15、倒退2、倒退4、倒退6。

每小组3人，一人跳格，两人抛接骰子。抛接骰子的两人，要相距5米，甲抛乙接，不能调换。每抛完一次，须乙将骰子送到甲处，再抛。如乙不能接住，骰子落地，须送至甲处，再抛。乙两手接骰子，骰子朝天的一面的数字，为跳格人跳格的数字。先到达终点的为第一。

【竞赛规则】

（1）过草地，总分10分。捡棋子5分，速度5分。每10粒为0.5分。速度按名次计分，第一名5分，第二名4分，第三名3分，第四

名2分。

（2）过独木桥，基础分5分。只要3人能按要求通过独木桥，即得基础分，但必须3人3脚同时过桥。多一只脚着地一次，扣0.5分。从桥上落下一次扣一分。给每个小组计时，需按名次计分：第一名5分，第二名4分，第三名3分，第四名2分。

（3）采"莲"过河，共10分，采"莲"为5分，速度为5分。一个"莲蓬"1分，采5个"莲蓬"得基础分5分，少采一个扣1分，多采一个加1分。计时分如前。

（4）掷骰子竞走。以到达终点的名次计分，第一名5分，以此类推。

（5）最后评分。按每个小组在4次活动中获得的分数高低决定名次。

5. 夺"宝"拉人

【参赛人数】

每小组5人，分两个队对决。

【比赛道具】

在场地上画两条相距8～10米的平行线，中间画5～10个直径2米的圆圈，每个圈内放一个球。

【竞赛方法】

将竞赛者分成人数相等的两队，成横队面对面站在两边线后。竞赛开始每个圆圈内两队各站一人，两人将球抱好。组织者发令后，双方尽力把球夺到手中，或把对方拉出圈外。先夺到球或把对方拉出圈的得1分。然后换另外两人参加比赛，最后以积分多的队为胜。

【竞赛规则】

发令后方可开始夺球。不能放开球拉人、推人，或有意松开手、顺势绊倒对方。必须始终在各自的赛道内前行，步入他道或影响他道选手的行为，均应视为违例，成绩无效。

6. 拉和拍

【参赛人数】

每队6~7人，分两队进行比赛。

【比赛道具】

在平坦的空地上，画3个同心圆。小圆直径是2米，中圆直径是4米，大圆直径是6米。参加竞赛的人分成人数相等的两队，每队6~7人。抽签决定一队做"拍的人"，站在小圆与中圆之间；一队做"拉的人"，站在大圆的外面。

【竞赛方法】

竞赛开始后，"拍的人"竭力用手去拍"拉的人"的腿部；而同时，"拉的人"要去握住"拍的人"的手，把他拖到大圆外面。如果"拍的人"能把对方都拍着，也就是把对方都关进小圆，拍的一队就获胜。相反，要是"拉的人"把对方都拉出大圆，那么，胜利就是属于"拉的"一队。

【竞赛规则】

要是"拍的人"被拖出去，他得站在外面，不参加竞赛，等待自己人来救他；如果"拉的人"的腿部被拍着了，他就站到小圆里去，也要等待自己人来救他。救人者只要用手触到被救的人，就算把他救出。

7. 开动火车

【参赛人数】

每次比赛有2队参加，每队5人。

【比赛道具】

画一个长方形。把竞赛者分成人数相等的两队，分别排成纵队，站在长方形的两端。各个队员把自己的左脚伸向前面队员垂下的左手，前面队员垂直下放的左手腕扣往后面队员伸来的脚。右手搭在前面队员的肩上。排首不伸脚，排尾不用手腕扣住脚。这样，齐心合力扮成为一列"火车"。事先规定比赛距离。

【竞赛方法】

当听到口令时，各队向前跳动，排首可走步，以"车头"先到达规定终点的一组为胜。

【竞赛规则】

如碰到"车箱脱节"相撞，必须在原地接好后才能前进。火车完整到达终点，才能计成绩。

8. 骑兵迎战

【参赛人数】

把竞赛者分成人数相等的两队。每3人一组。

【比赛道具】

在篮球场两端与端线相隔2米处各画一条横线做"骑兵营"。第一人站立；第二人体前屈两手搂住前面人的腰部，形成"一匹马"；第三人骑在第二人背上做"骑兵"，在骑兵的领子后塞一条彩带。

【竞赛方法】

"开始"口令后，双方的"骑兵"迅速冲出兵营，到战场中间交战，设法夺取对方的彩带，夺到彩带后，迅速退回自己的"兵营"，先到者得1分。

【竞赛规则】

比赛过程中，不得推拉。退回兵营时，双方可追击，再设法将彩带夺回或夺取对方的彩带，但对方进入"兵营"后不得交战。

9. 手推小车

【参赛人数】

将竞赛者分成两队，每队2人。

【比赛道具】

在竞赛场上画两条相距 10 米左右的平行线，称作起点线和终点线。一组前后站立，前者成俯撑，后者抬起前者的两腿，排列在起点线后。

【竞赛方法】

发令后，俯撑者用手交替移动前进至终点线，然后两人交换归队。首先全部完成动作的一队为胜。

【竞赛规则】

抬腿脱落者要重新开始。

10. 猫跳赛

【参赛人数】

每队 5 人，分两队比赛。

【比赛道具】

根据距离长短在竞赛场上每隔一定距离放上 70 厘米高的硬板凳数个。将竞赛者分成人数相等的两组，成纵队站在横线之后。

【竞赛方法】

当发令者发令后，各组的第一人立即跳上硬板凳再向前迅速跳下。等跳完最后一个板凳后，立即返回横线击第二人的手掌，然后排至排尾。第二人开始跳动。依次进行，直到全组完成。

以先完成的组为胜。

【竞赛规则】

撞倒板凳者须重新开始。

11. 手足情深

【参赛人数】

混合集体项目，每队由 4 人组成（2 男 2 女），可以多队一组同时

参赛。

【比赛道具】

赛道总长为30米，各分赛道宽1.22米。

【竞赛方法】

（1）开赛前，各队参赛者分别于本赛道起点线后成一路纵队依次排好，排头将身体重心移至一侧腿，另侧腿屈膝后抬，双臂自然弯屈侧举并保持身体平衡，2～4名队员分别将一手搭在前位队员的同侧肩上，另一手抓住前位队员屈膝后抬的脚踝处，同时将各自身体重心移至与前位同伴相同的一侧腿上，另侧腿屈膝后抬并成单脚支撑状，全队形成一路单脚支撑的纵队。

（2）令发后，统一口令，步调一致地以全队同步单腿跳跃动作结队前行，直至全队成功越过终点。

（3）终止计时以整队抵达终点的最后一人躯干部任何部分到达终点内沿垂直面时为准，用时少者名次列前。

【竞赛规则】

（1）行进过程中，各参赛队必须以任意一侧同侧腿做支撑状跳跃，任一参赛队员向后抬起的脚踝部始终不得脱离后位队员的单手握持，2～4名后位队员必须始终将同侧手搭在前位队员的同侧肩上并不得离肩脱手，若出现上述违规现象，即为比赛失败，成绩无效。

（2）必须始终成一路纵队结队前行，错位搭肩（之字形队列）或以其他队列替代均不予计取成绩。

（3）必须始终在各自的赛道内前行，步入他道或影响他道队员的行进，均视为违例，成绩无效。

12. 龙凤戏珠

【参赛人数】

混合双人项目，每队由2名队员组成（男女各1），4对一组同时参赛。

【比赛道具】

（1）赛道总长为30米，各分赛道宽2.44米（在正式田径场上可

选 1、3、5、7 赛道为正式赛道）。

（2）排球 4 只，每赛道均为 1 只。

【竞赛方法】

（1）开赛前，各队选手分别面对面的侧向（侧对前进方向）站立于各自赛道的起点线后，并分别将排球顶夹对挤于彼此的前额之间，顶夹稳妥后，双臂应于体侧自然侧向展开或于体后互挽。

（2）令发后，以球为媒并连为一体的两位选手应采用相应的走、跑动作同步向前侧行（跑），直至抵达终点。

（3）终止计时以两人顶夹对挤之球的前沿触及终点线内沿垂直面时为准，用时少者名次列前。

【竞赛规则】

（1）行进过程中，应始终将球顶夹对挤于两人前额和头面部之间，球滑落于头部以下以手托球或相互把扶对方均应视为犯规，不予计取成绩。

（2）行进过程中若球滑脱落地，即为比赛失败。

（3）两运动员及所顶之球在通过终点线的瞬间，必须做到人球合一，若出现所顶之球滑脱出对顶有效部位之外或脱落在地等现象，则均属违例，成绩无效。

（4）必须始终在各自的赛道内前行，步入他道或影响他道队员的行进，均应视为犯规，成绩无效。

13. 呼啦行进

【参赛人数】

男、女个人项目，4 人一组同时参赛。

【比赛道具】

（1）赛道总长为 30 米，各分赛道宽 2.44 米（1、3、5、7 赛道为正式赛道）。

（2）圈内径为 90 厘米，重量不少于 300 克的塑圈或艺术体操专用圈（呼啦圈）4 只，每赛道 1 只。

【竞赛方法】

（1）开赛前，各队参赛选手双手持呼啦圈套于自身躯干腋部以下部位，并在各自赛道的起点线后待令。

（2）预备令下达时，双手迅速推、转圈体（此后双臂作屈臂上抬动作），使呼啦圈沿身体纵轴作水平环绕转动并做好起跑准备。

（3）令发后，参赛选手在保持圈体平稳绕转的状态下可跑、走行进，直至成功越过终点。

（4）终止计时以参赛选手躯干部任何部分抵达终点线内沿垂直面时为准，用时少者名次列前。

【竞赛规则】

（1）必须以身体腋部以下任何位置为圈体接触点（包括套穿于双腿部位），并使圈体始终沿身体纵轴作水平环绕转动。

（2）行进过程中，若出现以手握扶圈体、圈体触地等现象，即为比赛失败，成绩无效。

（3）越过终点的瞬间，必须做到人圈合一，若出现上述违例现象，成绩无效。

（4）必须始终在各自的赛道内前行，步入他道或影响他道选手的行进，均应视为违例，成绩无效。

（5）参赛服装不得佩带任何装饰物或任何勾挂物。

14. 力士竞速

【参赛人数】

男、女个人项目，8人一组同时参赛。

【比赛道具】

（1）赛道总长为30米，各分赛道宽1.22米。

（2）装满填充物的沙袋8只，（男子用沙袋长约75厘米、宽约35厘米、重约30公斤，女子用沙袋长约65厘米、宽约30厘米、重约20公斤），每赛道各1只。

【竞赛方法】

（1）开赛前，各队参赛选手在各自赛道的起点线后站立并将沙袋

横置于地面，沙袋前沿垂直线不得超过起点线，面向前进方向待命。

（2）令发后，参赛选手双手提起沙袋并扛于单肩之上，迅速跑向终点。

（3）终止计时以参赛选手躯干部任何部分抵达终点线内沿垂直面时为准，用时少者名次列前。

【竞赛规则】

（1）令发前参赛选手身体的任何部分均不得触及沙袋。

（2）行进过程中，所持沙袋均不得触及地面，若因重心不稳而致摔倒或沙袋下滑，但沙袋尚未触及地面，调整后仍可继续前行。

（3）越过终点的瞬间，必须做到人袋合一，若出现沙袋落地至终点线内场地或触压终点线上的现象，则成绩均为无效。

（4）必须始终在各自的赛道内前行，步入他道或影响他道选手的行进，均应视为违例，成绩无效。

15. 摸石过河

【参赛人数】

男、女个人项目，8人一组同时参赛。

【比赛道具】

（1）赛道总长为30米，各分赛道宽1.22米。

（2）长24厘米、宽12厘米、高6厘米的木制方砖24块，各分赛道3块。

【竞赛方法】

（1）开赛前，各队参赛选手在各自赛道的起点线后，手持一块木方，两脚分别站立在起跑线后的两块木方上（两木方在起点线后的赛道内呈横向前、后摆放位置），身体侧对前进方向待命。

（2）令发后，参赛选手先将手中木方迅速放置于赛道前方适当位置，并移动一只脚踩在其上。另一只脚随后前移至空出的木方，随后捡起身后又被空出的木方再放置于赛道前方适当位置，依次反复前行并直至成功越过终点。

（3）终止计时以参赛者过终点线后，捡起终点线内的最后一块木

方置于（拍击）终点线外地面时的瞬间为准，用时少者名次列前。

【竞赛规则】

（1）行进过程中，参赛者身体任何部位不得触及赛道地面，参赛者双脚均须各踩一块木方上向前依次移动，若出现双脚同时踩踏或触及一块木方，均属于犯规，成绩无效。

（2）以最后一块木方拍击终点线外地面的瞬间结束比赛，结束比赛时，三块木方均须完整搁置于终点线外地面，任一木方触压终点线视为比赛尚未结束，比赛仍需进行。

（3）必须始终在各自的赛道内操作前行，木方触及分道线、甩脱滑落至远方（无法触及的距离）或步入他道影响他道选手的行进，均应视为违例，成绩无效。

16. 时代列车

【参赛人数】

属于混合集体项目，每队由4名队员组成（2男2女），可多组同时参赛。

【比赛道具】

（1）赛道总长为30米，各分赛道宽1.22米。

（2）准备长方形小旗一面，绸缎面料，其长边为45厘米，其短边为28厘米。

【竞赛方法】

（1）开赛前，各队参赛者分别于本赛道起点线后成一路纵队依次排好，各队扮饰"车头"者单手持旗上举并于队列首位排定，其他3人双臂直臂前举并将双手依次搭放于前位同伴的双肩之上。

（2）令发后，各队在"车头"的带引下，步调一致、同步结队前行（跑），直至全队成功越过终点。

（3）终止计时以整队抵达终点的最后一人躯干部任何部分到达终点内沿垂直面时为准，用时少者名次列前。

【竞赛规则】

（1）行进过程中，除"车头"外，其他人的双手必须搭放在前位

同伴的双肩之上，若出现脱手断档、摔绊倒地等现象，即为比赛失败，成绩无效。

（2）必须始终成一路纵队结队前行，错位搭肩（之字形队列）或以其他队列替代均不予记取成绩。

（3）必须始终在各自的赛道内前行，步入他道或影响他道选手的行进，均视为犯规，成绩无效。

17. 单足荡跃

【参赛人数】

男、女个人项目，2~4人一组同时开赛。

【比赛道具】

长为100厘米、宽为10厘米、高为0.5厘米以下的荡格限制板2~4块（塑胶制品），平铺于地面（该板应以胶带与地面固定）。

【竞赛方法】

（1）开赛前，参赛选手于各自荡格限制板前一侧站立，预备令发出后，随即提起左（右）脚成金鸡独立姿势，并做好比赛准备。

（2）令发后，参赛选手迅疾在各自荡格限制板两侧来回反复单脚荡跳，直至比赛结束。

（3）以"来"或"回"成功一次为计数单位，分别以一次予以计算。

（4）竞赛时限为一分钟，以"来"、"回"成功荡跳次数多者名次列前。

【竞赛规则】

（1）比赛进行中，参赛选手若出现更换支撑（跳跃）脚的现象，视为违例，成绩无效。

（2）参赛选手摆动脚（提起之脚）触地，视为违例，成绩无效。

（3）比赛进行中，若参赛选手支撑（跳跃）脚出现踩踏或触及荡格限制板的现象，比赛应照常进行，该次成绩无效。

18. 袋鼠跳跃

【参赛人数】

男、女个人项目，8人一组同时参赛。

【比赛道具】

（1）赛道总长30米，各分赛道宽1.22米。

（2）长约1.2米、宽约60~70厘米的麻袋8条，各分赛道1条。

【竞赛方法】

（1）开赛前，于各自赛道起点线后站立的参赛选手，将双腿（及腰部）套入麻袋，双脚蹬至麻袋底部，双手紧握袋口两侧并上提至齐腰部位。

（2）令发后，在保持身体平稳前行的状态下，充分利用双腿的屈伸蹬地动作连续跳跃（如袋鼠跳跃状），直到成功越过终点。

（3）终止计时以参赛选手躯干部任何部分触及终点线内沿垂直面时为准，用时少者名次列前。

【竞赛规则】

（1）进行过程中，若出现双手滑脱（麻袋完全离开双手）或任何一脚离袋触地等现象，均视为违例，成绩无效。

（2）因跳跃重心不稳而致跌倒，在手未完全滑脱（此时尚有一手持袋），脚未离袋的情况下，可从跌倒处立起后继续前行。

（3）越过终点的瞬间，必须做到人袋合一，若出现任何违例现象，则成绩无效。

（4）必须始终在各自的赛道内行进，步入他道或影响他道选手的前行，均视为违例，成绩无效。

19. 双足甩包

【参赛人数】

男、女个人项目，全体参赛队员依次进行，试甩轮次为三轮。

【比赛道具】

（1）在类同铅球投掷区的场地上进行，此区域为夹甩区（圈），再将扇形夹角改为 30 度，其夹角内的区域为甩包落地区。

（2）缝制多边形布包若干，其填充物重量为 125 克至 150 克。

【竞赛方法】

（1）当轮到参赛者进行试甩时，该位选手应立即进入夹甩区域，并将布包放置于试甩区域前部适当位置。

（2）试甩前，参赛选手将放置妥当的布包置放于双脚前部之间，用双脚前部内侧夹挤布包上部少许，做好试甩前准备。

（3）试甩时，利用双腿屈膝伸蹬、向前（上）跃跳动作，将脚间紧夹布包甩至前方甩包落地区。

（4）参赛选手每轮各试甩一次，布包落地远者名次列前。

【竞赛规则】

（1）所甩布包必须夹挤于双脚之间，若将布包置放于脚面之上踢甩，视为违例，成绩无效。

（2）每次试甩动作完成后，参赛选手必须从试甩区域后半部退出场地，若从试甩区前半部退出，视为违例，成绩无效。

（3）试甩时，若参赛选手已做完试甩动作，而布包仍留在原地或未甩出试甩区域（圈）者，均应视为一次试甩。

（4）试甩跃起后落地时，单、双脚（身体任何部位）落至或触及试甩区域限制线（圈）或线外地面，视为违例，成绩无效。

20. 速跳夹竿

【参赛人数】

混合集体项目，每队由 4 名队员组成（2 男 2 女）。

【比赛道具】

在平地上进行，两根长约 2 米或 2.5 米，直径 5～8 厘米的细竹竿。

【竞赛方法】

（1）4 名队员中，2 名为夹竿队员，2 名为跳竿队员（男、女角色不限，但2名跳竿队员中必须有一名女队员）。

（2）开赛前，2名夹竿队员分别握住两根竹竿的两端，2名跳竿队员双脚站位于两竿之间的空隙区域内，并做好赛前准备。

（3）令发后，2名夹竿队员持竿向内、外连续做"内夹"、"外展"动作，2名跳竿队员随之在两竿的"内夹"、"外展"之下，两脚同时向外、向内连续做"外分"、"内并"动作（夹竿队员向内夹竿时，跳竿选手同时分腿跳起，向外越竿后双脚分别在两竿外着地；夹竿者向外展竿时，跳竿者再并腿内跳，越竿后在两竿内着地）。

（4）以夹竿者向内或向外"夹"、"展"和跳竿者向外或向内"分"、"并"成功一次为一个计数单位，分别以一次予以计算。

（5）竞赛时限为1分钟，次数多者名次列前。

【竞赛规则】

（1）夹竿选手所持竹竿须沿地面向内、向外反复做连续的"内夹、外展"滑动动作，竹竿脱落，视为违例，该次不予计算。

（2）跳竿选手因踩、踏、绊等原因，致使竹竿无法运作，视为违例，该次不予计算。

21. 机智的送水队

【参赛人数】

以队为单位参赛，每队5人。

【比赛道具】

（1）400米椭圆形跑道。如果没有椭圆形跑道，比较开阔能容纳4辆自行车进行接力比赛的场地亦可。

（2）自行车4辆，汽水瓶20只，啤酒瓶100只，天平1只，水壶4只，气球每队10只（最好各队颜色不同），内装氢气。气球直径为1尺左右。

（3）竹竿12根，约1.5米长，用8号铁丝做一个圆圈固定在竹竿顶端，圈的直径必须大于气球的直径，圈外套一个纱线织的网罩。

【竞赛方法】

（1）接力运水。主要比队员托瓶骑车的技巧。在400米跑道上，每队的第一名队员手托一只汽水瓶，内装 100 克水。枪响，每人手托汽水瓶骑完一圈，瓶不可落地。到达目的地，每个队员将瓶中的水倒入第二个队员手中的瓶子里，将自行车交给第二个队员。直至第三名队员将自行车交给第四名队员。

（2）过"雷区"。队员必须手托瓶子巧妙地绕过地上竖立的啤酒瓶。第四名队员手托瓶子穿过 200 米"雷区"。200 米内摆着一个个竖立的啤酒瓶。必须顺利穿过，既不能碰倒啤酒瓶，也不能跌落手托的汽水瓶。

（3）过"沙漠"。主要比队员的骑慢车技术。第四个队员将瓶中的水倒入第五个队员手中的水壶，第五个队员背水壶通过 100 米沙漠区。要求这 100 米骑得越慢越好，以人不掉下车为限。

（4）过"封锁区"。当第五个队员到达目的地时，其他 4 个队员都在目的地等候。其中一人手攥 10 只氢气球，其他 3 人各握一竹竿网罩。当第五个队员到达时，手握气球的队员便跳上自行车，坐在书包架上。另外三个队员手握竹竿网罩尾随其后。在 200 米"封锁区"内，自行车上攥气球的队员必须把 10 只气球放完。而尾随其后的三个队员则用竹竿网罩去捞气球。放气球的队员和捞气球的队员要尽量协作，以捞到尽可能多的气球。

（5）看谁的水最多。通过"封锁区"之后，背水壶的第五个队员把水倒进终点"收水处"。收水处使用天平称出每队水的重量。

【竞赛规则】

（1）接力运水。以每队 3 名队员共三圈接力完成后的时间快慢计分。第一名 10 分，第二名 9 分，第三名 8 分，第四名 7 分。瓶子掉地一次扣 1 分，瓶碎扣 4 分。所以，该项活动中要求队员手托瓶底但不能摸瓶颈骑车；二是要预备备用的瓶子。

（2）过"雷区"。按到达目的地的先后决定名次。第一名 1 分，手上的瓶子掉地扣 1 分，地上的瓶子碰倒扣 1 分。

（3）过"沙漠"。按到达先后决定名次，最后到达得 10 分，类推。人落地一次扣 2 分，落地 3 次，便无分了。

（4）过"封锁区"。按到达先后决定名次，第一名 5 分，第二名 4

分，捞到一只气球加 *1* 分。气球捞到而爆破，不能计分。放气球的队员来不及放掉的气球，每一只扣 *1* 分。自行车上的人落地一次扣 *1* 分。

（5）看谁水最多。每损耗 *10* 克扣 *1* 分。

22. 脚板追逐

【参赛人数】

比赛时，可由 *4* 个队同时进行，每队由 *3* 名队员（两男一女）组成。

【比赛道具】

（1） *30* 米见方的场地。先在场地上用石灰画出一直径 *30* 米的圆圈，再画出一个直径 *28* 米的同心圆，形成宽度为 *2* 米的圆形跑道。

（2） *4* 副脚板，每副脚板由 *1.5* 米长、*20* 厘米宽、*3* 厘米厚的两块木板组成；每块木板上安装 *3* 个可以套进入脚的宽皮带圈气球。需 *4* 只，系在每队最后一名队员的后腰处。

【竞赛方法】

比赛时，*4* 队应穿好脚板，在圆形跑道中，分四等距离站好。头 *1* 名必须是女队员，手持一根长 *0.5* 米的木棍，木棍前端有一类状物，如细铁丝之类。在裁判的口令发出后，*4* 队同时出发（顺、逆时针均可），比赛哪队跑得快，头名女队员用尖状物刺破前面队最后队员后腰上的气球时，比赛暂停；气球被刺破的队为失败，退出场外。剩下的 *3* 队重新站位，开始比赛。如此类推，至两队决赛，产生冠军。

【竞赛规则】

（1）第一名 *10* 分，第二名 *8* 分，由此类推。

（2）每队 *3* 名队员，须有 *1* 名女队员，而且女队员须站在脚板的第一位。

（3）持气球的队员可以闪动身体以躲避对方的尖状物，但不能用手去护气球，也不能用手去遮挡对方的尖状物。否则，判为犯规，扣掉 *2* 分。犯规 *2* 次，取消比赛资格，算失败。

23. 空中飞弹

【参赛人数】

组队参赛,每队 4 人为宜,每次 4 个队同时进行。

【比赛道具】

(1) 约 10 平方米的空地即可。

(2) 一只直径约 5 米的转椅,高度 3 米;安置 4 个坐椅。电动机转动,能运转自如,可以控制转、停。转椅的动力部分是一台马达,配以竞速箱,要速箱连宜。转椅中心柱;转速以每分钟 15 ~ 20 转为宜,转椅中心柱需高 3 米,顶端上焊接十字钢架,直径为 5 米。十字钢架的 4 端吊接 4 个转椅。

(3) 每队有 50 个小沙袋,约 2 寸见方。4 个队的沙袋应分为 4 种颜色,如:红、黄、蓝、白。每队 3 个小背兜,可用背带背在肩上。布面的颜色要与沙袋的颜色相同。

(4) 每队 3 只气球,颜色要与沙袋颜色相同。气球应系在转椅下面跑的队员的头上。

【竞赛方法】

(1) 转椅上坐 4 个队员,每人一个布袋,内装 50 只小沙袋。4 个队员分别属甲、乙、丙、丁 4 个队,颜色顺序为红、黄、蓝、白。沙袋、布袋、小背兜、气球都要颜色一致。裁判吹哨,转椅上的队员向下掷沙袋,要尽快地将沙袋掷完,而且,最好让自己队员接住。沙袋落地不能捡。

(2) 坐在转椅上的队员还可以将沙袋掷向他队队员头上的气球,如击破一只他队队员头上的气球,可以加分。

当坐椅上的队员掷完沙袋,则可举起自己的空布袋,表示完成。裁判为之记下名次,其余 3 队还将继续掷,直至掷完为止。

【竞赛规则】

(1) 按掷完沙袋的先后决定名次,第一名得 10 分;第二名得 8 分;第三名得 6 分;第四名得 4 分。

（2）本队队员接住本队的沙袋，每只沙袋加 *1* 分。

（3）本队队员接住他队的沙袋，每只沙袋加 *2* 分。

（4）击破一只他队队员头上的气球加 *4* 分。

（5）气球被自己或己方队员碰破扣 *4* 分。气球被他方队员犯规碰破，应扣犯规一方 *4* 分。

24. 天平称水

【参赛人数】

每队 *3* 人，两队对抗参加比赛，*1* 人负责喷水，*1* 人负责压水，*1* 人运水。

【比赛道具】

（1）*10* 平方米的平地（不算水源场地）。

（2）一架人工制作的天平，两端各吊 *1* 只水桶。两套射水器，两个小铁桶。

（3）天平长 *8* 米、高 *3* 米。用木料制作，具体尺寸可以自定，关键是保证两边平衡。天平两端吊的铁皮桶须大小一致，约能盛下 *20* 公斤水为宜。

（4）射水器的形状与原理似打气筒，用木料制作，尺寸是圆筒直径 *30* 厘米、高 *80* 厘米，喷嘴至射水器的水管长度为 *1.5* 米。

（5）运水桶。运水桶以可盛 *20* 公斤水为宜，桶底用铁钉钉 *3~5* 个洞，两个桶洞的大小要一致。至于洞的数目，要看水源与射水器之间的远近。远则洞少些，近则洞多些。具体数目，应作如下测试：让 *1* 男青年拎 *1* 只有若干个洞的水桶，将水放满；从水源处跑到射水器处，如剩 *1/3* 则正好，如超过 *1/3* 则应增加洞数，如少则减少洞数。

【竞赛方法】

场地一端放置天平，另一端放置两架射水器。每队 *3* 名队员，各负其责，互相配合，使射水器射出的水尽可能多地射入自己方的天平水桶中，在 *10* 分钟的时限中，看谁桶中水多，下沉一方为胜。

【竞赛规则】

必须进行两次比赛，因为射水器与运水桶在制作方面，很难达到一模一样。第二次比赛时，双方交换射水器和运水桶。为了使比赛公平，两次比赛必须记下天平倾斜的刻度。最后以刻度数大者为胜。

25. 五子献寿

【参赛人数】

参赛组队每队人数为 7 人，1 人扮寿星老人，1 人扮寿星奶奶。其余 5 人扮献寿桃的童子。

【比赛道具】

（1）10 平方米的平地。

（2）自动倾斜台。使用角钢和钢筋焊成框架，表面铺木板，其上有一桌、二椅。此台的动力部分，可以使用电动液压升降器，亦可以使用液压千斤顶（由人工操纵）。自动倾斜台的台面要平滑，光洁度好；电动液压升降器要匀速上升，从 20 度升至 45 度，需 5 分钟。如果设置自动升降器成本高，可以使用液压千斤顶装置，由人工操作。但必须进行反复训练，以达到技术要求。倾斜台上的三椅一桌须固定在台面上。桌面则是活动的。

（3）老寿星服饰一套，寿星奶奶服饰一套，童子服饰 5 套。寿星老人身穿长袍，头被白发，带髯口（白色胡须）；寿星奶奶身穿长袍，头发花白，有发髻；献寿童子头梳朝天辫，扎红头绳，胸戴娃娃兜，红色，鞋蒙红布面，鞋头系一红绒线球，脚踝处戴有响铃圈。

（4）寿桃 50 只，大托盘 5 个。寿桃的尺寸为直径 20 厘米。用泡沫塑料块做原材料，用小刀进行削切成形。如泡沫塑料块较小，则需进行粘合，粘合剂为乳胶。使用化学糨糊掺水跟石膏粉糅合，刮抹在寿桃雏形上，待干后用细砂纸进行打磨，然后喷以淡青花色，桃子尖端，喷以深红色。托盘的尺寸为直径 35 厘米，以放下 3 只寿桃为标准。使用三合板或纤维板；锯成直径 35 厘米的圆片，上面粘贴一层 2 厘米厚的泡沫塑料。中间挖掉一部分，直径 30 厘米、深 1 厘米，表面刮抹化学糨糊、水、石膏粉的混合体，干后用砂纸打磨，喷以白油漆，勾以碟边花纹。

【竞赛方法】

比赛前，寿星老人和寿星奶奶坐在倾斜台上的椅子上。5个献寿童子排队站在寿桃处，手持大托盘。比赛开始，倾斜台由20度角开始缓慢而匀速地上升（从20度升至45度，此竞赛定时为5分钟）。献寿童子把寿桃放到托盘上（一个托盘最多盛3只），从倾斜台的入口，冲上倾斜台，将寿桃放置到桌面上。放到桌面上的寿桃由寿星老人和寿星奶奶护理。桌面是可以活动的，可以随着倾斜台的倾斜，自由调节桌面。比赛成绩在5分钟之内，桌面所有的寿桃数决定。

【竞赛规则】

（1）竞赛时间为5分钟。

（2）竞赛结束时，以桌面放有寿桃数决定成绩，一只寿桃1分。

（3）献寿童子须穿平胶底运动鞋。赛前，裁判须检查献寿童子的鞋底。

第二章

开发潜能的趣味表演

1. 秘密指令

【参赛人数】

6 ~ 12 人，分成两队。

【比赛道具】

（1）野外。

（2）野营装备：地图、帐篷、锅灶、蔬菜、食物等。

【竞赛方法】

主持人发给各队一只信封，拿到后各自来到比较僻静的地方，打开研究，里面是一堆硬纸块，每块上面写一个字，要求拼出一句完整的句子，拼出了即可按指令执行。

指令举例：请跑步到竞赛处，领取一套野营装备，然后根据地图和路标，通过几个规定的障碍，来到营地，架起帐篷，支起锅灶，再根据营地提供的食物，做出一顿可口的饭菜来。最后扫干净，钻进帐篷睡觉。

【竞赛规则】

必须严格按指令行动。

2. 漫游太空

【参赛人数】

24 ~ 36 人，分成两队或三队。

【比赛道具】

户外草地。

【竞赛方法】

每队 12 人，面向圆心围成一圈坐下，双脚合拢伸向圆心。先推选一人站在圈中间，闭上眼睛，全身放松，幻想自己正处于太空失重状态中，以双脚为支点向任何方向倒下，正当他倒下时，周围的人应把失重的他推向另一方向，使他不倒在地上，能在圈中自由摆动，感到舒服并产生漫游太空的感觉。每人轮流尝试一次，熟练后，圆圈可加

大，增强乐趣。

【竞赛规则】

圈中人倒地，竞赛中止。

3. 信任背摔

【参赛人数】

10 人以上，分为两队。

【比赛道具】

（1）背摔台一个，约 150 厘米高。

（2）捆手布 2～3 条，约 60 厘米长。

（3）体操垫一块。

【竞赛方法】

小组队员为 15 人时，约需 70 分钟。

【项目布置】

（1）集合队员，介绍项目名称和活动要求。

（2）说明活动要求队员轮流站于高台上双手握于胸前，直立背向台下倒下，台下由全体队员保护其安全。

（3）挑选 10～12 名下方保护人员，摆成保护姿势。要求一对一地面对面排列，双臂向前平举，掌心向上，伸到对面队员胸前，形成人的手臂垫。说明：腿要成弓箭步，队员倒下去注意手臂用力，抬头看着倒下的队员。将倒下队员接住后，用"放腿抬肩法"将队员平稳放下。开始之前，主持人应先用身体下压队员手臂，让队员感受到重量并表现出足够的托力。

（4）说明上下口令呼应为：

①台上队员大声问下面："准备好了没有？"

②台下队员齐声回答："准备好了！"

③台上队员听到回应后，大声喊："一、二、三！"

④台上队员直挺身体向后倒下。

（5）主持人站在台上，用捆手布将队员的手捆住后，用手抓住捆手布，从捆上布条至喊完口号前主持人必须用手握住布条，以防队员

突然倒下。主持人站在队员身侧，提醒下面队员注意后，可以开始让所有队员按顺序完成该项目。

【竞赛规则】

（1）要求全体队员摘去手表、胸针、发卡、眼镜、呼机等可能造成伤害的物品。

（2）第一位背摔者可由队员自报，但要确定一位体重较轻的人进行第一次背摔，体重大的人应放在中间做，并可适当增加保护人数。

（3）有心脏病、脑血管病、高血压及严重腰伤者不能参加。

（4）背摔台的四脚应稳固结实。

（5）要注意台面木板是否结实。

（6）防止台上队员倒下时将主持人同时拉下。

（7）主持人在台上后移时注意防止摔下。

（8）主持人要检查背摔者身上是否有硬物等危险物品。

（9）未经上下口令呼应时不得操作。

（10）下方保护队员接住上方队员后不得将其抛起。

（11）禁止将接住的队员顺势平放在地上。

4. 飞　镖

【参赛人数】

人数不限。

【比赛道具】

飞镖。

【竞赛方法】

要根据镖体上的厚薄方向投掷：如果左厚右薄，应以顺时针方向抛出；若右厚左薄，则应逆时针方向抛出。握飞镖方法为：手抓住飞镖的翼端，镖体放平，不要倾斜。投飞镖时，应利用手臂甩动后带动手腕投出，肩、肘、腕部均要放松。

飞镖投出后，会飞出圆弧形的轨迹。如果用力得当，可以飞回投掷处，投镖者可以用手接住。飞镖可以单人玩，也可以多人玩。多人玩法有二种：一种是投镖人不接镖，接镖人不投镖；另一种是先在飞镖上涂上各种颜色，投出自己的镖后，去接别人投出的镖，别人也投出他们的镖，让规定好的其他人接。

【竞赛规则】

飞镖比赛项目可分单人赛和团体赛两种。

单人赛得分指标有二种：

（1）飞镖出手后在空中的运动时间长短。时间越长，得的分值越高。

（2）飞镖能否准确无误地回到投镖者手中。以能收回者为胜。

团体赛可以这样进行：每组规定若干人员参赛，每个参赛者编上颜色，这表示他该接这种颜色的飞镖。接对的加正分，接不到的为零分，接错颜色的加负分。比赛按组轮流进行。一组比赛下来，裁判员统计得分，并记录在案。然后其他组开始比赛。比赛结束后，按各组成绩列出名次。

5. 飞 碟

【参赛人数】

人数不限。

【比赛道具】

飞碟。

【竞赛方法】

为使飞碟飞得远、飞得稳，必须把碟口朝下，水平放置，用大拇指抵住碟底，其他四指托住碟口内壁，身体扭转成一定角度，利用腰部、手臂和手腕的力量，将飞碟抛出。

为稳当地接住飞碟，应看清飞碟飞来的位置，手臂伸上去抓住飞碟的边缘，抓住后手臂仍应顺势收回。接飞碟的时间要掌握好，不能太早或太晚。

飞碟一般可以双人玩和多人玩。

双人玩法有两种：

（1）两人合用1只飞碟，各自隔开一定距离，甲投乙接，再乙投甲接。

（2）甲乙两人各自手持 *1* 只飞碟，同时投向对方，让对方接住，同时也要接住对方投来的飞碟。

多人玩法也有两种：

（1）合用 *1* 只飞碟。游玩者散开，在一定范围内，当飞碟接近其中一个人时，这个人就必须接住它。

（2）当投碟人投出时，喊出一个人的名字，这个人就要根据飞碟飞行的方向，疾跑到预计到达的地方去接飞碟，再接着抛给其他人。

【竞赛规则】

飞碟比赛可分双人赛和团体赛。以在规定的时间内接住飞碟的多少排名次。

6. 魔　靶

【参赛人数】

人数不限。

【比赛道具】

准备好枪、子弹、掷镖、魔球和靶板。

【竞赛方法】

魔靶是一种投掷性质的竞赛，其动作要领与投镖等相似。

【竞赛规则】

（1）计分法：让参赛者站在离靶板若干米以外的规定地点，给相同数量的子弹、投镖或魔球，让他们轮番射击、投掷，记下每人的总分数，以累计总分最高者为胜。

（2）计时计分法：除了和计分法基本相同外，另外增加一项规定时间。若超过规定时间没有用完子弹、镖、球的，均作弃权论处。

7. 陀　螺

【参赛人数】

人数不限。

【比赛道具】

组织者准备好陀螺、细绳各若干。

【竞赛方法】

（1）旋转陀螺可以用手搓，也可以用细绳裹住甩。但不管用什么方法，动作都要敏捷、平稳、有力。

（2）抽打陀螺时，应该让细绳的前端抽打在陀螺的中间偏上一点。若抽得不准，反而会破坏陀螺原先的转动。

【竞赛规则】

（1）计时法。让参赛者各自手持陀螺1只、细绳1根。裁判宣布开始后，每位参赛者必须立即转动陀螺，并及时不断地抽打。如果超过2秒后，参赛者仍手持陀螺，应判为输。若发现陀螺已停止转动的，也应判为失败。让陀螺转动的时间越长者，成绩越佳。

（2）移动位置法。组织者在比赛场地上事先用白粉等画2个大圆圈，直径为2米左右，圆圈间隔4至5米。比赛开始时，参赛者均站在一个圆圈里。当裁判下令比赛开始，参赛者开始抽打陀螺。陀螺必须在保持不停地转动的同时，还要往另一个圈移动。等陀螺进入另一个圈后，再返回原来的圆圈。以规定时间内往返次数最多者获胜。

8. 归队球

【参赛人数】

20～30人，分成两队。

【比赛道具】

准备大皮球若干个。

【竞赛方法】

用大皮球投掷圈内的人，被掷中者退出圆圈；退出者在圈外阻止圈外的人投掷，并设法夺取其球，以求得归队的机会。

圈内的人如能用头顶着圈外人投来的空中球或地上的反弹球，可以叫一个已出圈的人归队；每顶一次，归队一人；多顶多归，一直到球落地为止。

如果球停在圆圈内，裁判员则宣布"死球"，由圈内的人用脚拨给圈外人。

圈外的人只要不踏及圆圈，可以接取或钩打圈内的球。

【竞赛规则】

此竞赛十分钟为一局，然后两队互换角色继续进行。

每局结束要计算成绩。没有归队的人数，每人以失一分计，失分多的一队为败。

每次比赛进行四局或两局都可以。

9. 夺球之战

【参赛人数】

20 人，分为 4 组。

【比赛道具】

在场地上画一条起点线，让竞赛者排成一列横队站在线后，从排头开始 1～4 报数，并按报数先后分为四组依次排列。在起点线前画一个 1 米左右的小圆圈，选出一个引导人手持一个小足球站在圆内。

【竞赛方法】

由引导人将球踢向前方，这时随意叫一个号数，如叫 "3" 号，则 4 个组的 3 号人员全力以赴跑去追球。

【竞赛规则】

在追球时，竞赛者不准用手推拉人，要用脚带球把球带回，如把球踢向起点线则视为无效。谁把球带回起点线，谁就为该组争得 1 分。

最终以得分多的组为胜。

10. 地滚球接力赛

【参赛人数】

9～20 人，分成 3～4 组。

【比赛道具】

选择一个排球场或根据人数的多少画一个长方形的场地，端线设有 3～4 个区域，底线放上 3～4 个实心球。把竞赛者分成人数相等的 3～4 组，各组以纵队站立在端线后，每组的排首两手各持一球（排球或篮球）。

【竞赛方法】

各组队员用双手各滚一个球前进，从端线滚到接近底线处绕过实心球后返回端线，交下一个队员后站立至排尾。接球的队员以同样的方法滚球。

【竞赛规则】

滚球者在没有返回端线时，第二人不能跑出端线迎球。竞赛者运球的双手不得离开球，必须摸着球边滚动前进，直到各队队员全部做完为止。

以先完成的一队为胜。

11. 水中抢球

【参赛人数】

10～16人，分成两队。

【比赛道具】

找一处水深适宜处，或游泳池做赛场。

【竞赛方法】

将参赛者分成两队，队员间实力要均等，会游泳。准备球一只。

裁判员把一个球抛在两队之间。双方队员努力抢球，抢到球的一队（得一分）就把球在自己人中间互相投递，另一队的人设法去抢球，抢到了球也得一分。

【竞赛规则】

（1）不许从别人手中抢球。

（2）不能令别人没入水中或拉住对方身体的任何一部分不放。

12. 障碍赛跑

【参赛人数】

参赛人数不限，也可分两队来进行竞赛。

【比赛道具】

下列各种动作都可以作为障碍物：跳远几次；用高跷走路；端一

杯水跑；穿过圆环或绳圈；在椅背上缚几个结；地上放十块小木板，一定要踏在这些小木板上跑过去；在一块小木板上放一个小皮球，要托着这个小皮球跑；一边跳绳一边跑等。

在起跑处画一条起跑线，终点处绷一根终点带或画一条终点线。

【竞赛方法】

起跑信号一响，个人立刻向前跑去。按照规定完成各项任务，再跑到终点，看谁跑得最快。

【竞赛规则】

（1）发了起跑信号才能跑出起跑线。

（2）不可缩短跑程。

（3）个人一定要按照所规定的条件和任务进行，违反规定者每次罚一分。

13. 踢踢跳跳过障碍

【参赛人数】

8~16人，分成两队。

【比赛道具】

在地上画两条线，作为起点和终点（相距约十五步）。将竞赛者分成甲、乙两队，分别站在起点线后。在终点线上各插一面小旗（或小树枝）。在起点线和终点线中各放一个毽子、一根单人跳绳。事先规定跳绳、踢毽子数目。在起点与终点甲、乙两队的相交点放一根长绳，由竞赛者两人在此挥动。

【竞赛方法】

竞赛开始时，两队竞赛者中的第一人从起点线出发，先跳绳，后踢毽子，然后绕过小旗回到交叉点处跳长绳，最后回到起点线。竞赛过程中，如一次完成所规定的跳绳数和踢毽子数时，可以接下去连续进行，直到符合规定为止。

【竞赛规则】

各队的竞赛者须等本队的前一人回到终点后方可出发。哪队先完成哪队获胜。

14. 抢地盘

【参赛人数】

参赛人数不限，分成两队，一队为攻队，一队为守队。

【比赛道具】

守队队员散布在山头，攻队队员在山下。准备小旗一面。

【竞赛方法】

竞赛开始时，攻队队长先安排好计划，分配战斗任务，并叫一名队员带一面小旗，设法插上山头的最高点。进攻令一发出，全队队员按计划执行任务。这时守队队员设法追拍攻队队员，凡被拍中即为俘虏。小旗若被守队夺取，守队就取胜。如果攻队成功地插上小旗，则攻队为胜。两队互换角色，竞赛重新开始。

【竞赛规则】

攻队须在半小时内插上小旗，否则算输。

15. 打野战

【参赛人数】

参加竞赛者约50人，分成两队，选一人担任裁判员。

【比赛道具】

每个队员发一张小纸条，按各队分工，分别写上自己的职务，即总司令1人，军长1人，师长2人，旅长2人，团长3人，营长3人，连长2人，排长3人，工兵2人，炸弹3人，地雷2人。每队各备一面大旗。

【竞赛方法】

两队各自布阵，选好大本营，把军旗插或挂在大本营适当的地方（以一人能拿到为宜）。然后把本队人员进行合理分工，如有的保护军旗，有的进攻。双方各派一个代表通知裁判员，并一起到双方阵地视察地形、检查军旗。裁判员则站在适中而容易瞧见的地方。

裁判员宣布野战开始。双方队员立即进行攻守活动。双方队员相遇时，可以追拍或躲避，双方一有接触，就一起到裁判员处，各自把自己的职务条交给裁判员。裁判员根据陆战棋规则作出判断：或取消战斗资格，或判归队继续参加战斗。在战斗时双方可以采取多样化的战术，如：伪装追逐，两人合击对方，躲、逃、逗等，设法消灭对方的力量。直到一方把对方的军旗拿到，护送到裁判员处，经裁判员检查该人确实有战斗力时（检查职务条），立即宣布某队获胜。

裁判员站的地点，必须使两队队员都知道。如果人数多，可增加连、排长以下职务的人数。

【竞赛规则】

（1）地雷不能主动拍人，但可以做追捕的假动作。

（2）被拍后双方一同到裁判员处，双方非当事人不能一起跟去。

（3）职务大小顺序为：总司令、军、师、旅、团、营。连、排、工兵、炸弹、地雷。地雷除遇工兵外，遇任何人均同归于尽。

（4）裁判员在执行工作中，必须为双方队员保密。

16. 正方救三角

【参赛人数】

20 人，分为两队。

【比赛道具】

准备一个小布袋，里面松松地塞一些木屑或黄沙。

在场地的一角，画一个大三角形，场中央画一个正方形，沿场界画几个小圆圈，数量不得超过总人数的四分之一。

先选两人站在三角形里，一人做带头人，一人做其助手。两人手臂上各佩一个不同颜色的臂章。其余的人站在场上或圆圈里，小沙袋放在正方形里。

【竞赛方法】

哨声响后，竞赛者从一个圆圈跑到另一圆圈。带头人则走出三角形去捉人（或拍人），被捉到者到三角形里做俘虏。营救俘虏的方法是：任何人拾起小沙袋，抛给俘虏。俘虏接到后，把它交给带头人，就可恢复自由。小沙袋仍放在正方形里。

带头人的助手可半途拦截抛给俘虏的小沙袋，可捉手里拿小沙袋的人。被捉的人把沙袋交给带头人后，就走到三角形里做俘虏。如果俘虏没有接住抛来的小沙袋，就由助手抬起交给带头人。带头人则把它放在身前的任何位置上。竞赛者必须灵活地用手或脚把沙袋拨给别人，且避免被捉。一人拿到拨来的小沙袋，其余的人就必须立即把他围起来（至少3个人）。围起来的人就和拿小沙袋的人一起走到正方形中去。这时，带头人是不能捉他们的。在正方形里，当拿小沙袋的人把小沙袋掷给俘虏时，个人即从四方形中四处逃散。

若三角形里的俘虏超过了全体人数的一半，那就算带头人和他的助手获胜，否则就算对方胜利。

【竞赛规则】

（1）三角形里除俘虏外，不准站人。每个圆圈只许站一人。站在小圆圈的人是安全的。

（2）带头人可捉住任何人。助手只能捉手里拿着沙袋的人。

（3）拿走带头人身前的小沙袋的人，如果没有同伴把他围起来，或者围的人没有手牵手，那么，带头人还是可以捉他的。

17. 走出黑暗

【参赛人数】

12～18人。

【比赛道具】

口罩、眼罩等。

【竞赛方法】

主持人请小队12人全部戴上口罩，坐下，讲"走出黑暗"的故事。讲罢，请出一人，来到偏静处，让他脱掉眼罩，交给他一张路线图，请他担任向导。路线图可以是厂区，也可以是公园或野外营地。全长为一公里，要经过许多障碍，甚至还得登楼，进地下室，寻找宝藏。

【竞赛规则】

要求除向导外，别人都不准说话，不得偷看，大家手拉手成一队，在向导的引领下，尽快完成任务。

18. 熟悉姓名

【参赛人数】

8～12人。

【比赛道具】

任意一种小球。

【竞赛方法】

各小队成一个松散的圆阵，做下列活动：

（1）用一只小球从排头开始，依次按逆时针方向传递，一边传一边大声地报出自己的姓名，直至传完一周。

（2）当你接到球后，必须喊出任意一个队员的姓名，然后把球扔给他。

（3）熟练后，用2个、3个球来做第二个练习。

（4）结束之前，请一名队员来到圆心，依次报出各位队员的姓名。

【竞赛规则】

报不出两个以上姓名者为输。

19. 中西礼仪

【参赛人数】

6～10人。

【比赛道具】

西式礼帽等。

【竞赛方法】

各队出一名选手来到台前成一列横队站好。主持人先讲解并示范中西方男女的礼仪：中男拱手为礼；女双手放于左腰上，行屈膝礼。西男摘帽，稍弯身；女两手拉裙屈膝。机敏测验开始，主持人走到任何一人面前，说声："您好！"并向他行礼，若行的是中国男子之礼，对方便要行西方女子之礼来答礼。若行中国女子之礼，则行西方男子

之礼，反之亦然。

【竞赛规则】

答礼人慌乱中做错，便退下场，最后剩下的，名次列前。

20. 姚明投篮

【参赛人数】

6~10人，分为两队。各队出一名选手，从场上任挑一位队员，合作完成这项任务。

【比赛道具】

篮球场、篮球、篮球衫、面具等。

【竞赛方法】

（1）准备：让队员骑坐在选手的双肩上，套穿上一件特大特长的篮球衫，戴上姚明的面具（两眼挖空，能看见的），选手用双手扶住队员的大腿，穿套上特大球衫后他也能透过球衫的小窗口看到前方。

（2）练习：给一分钟运球、投篮的练习机会。

（3）比赛：从起点出发，运球三步上篮，投进篮即可得分。

【竞赛规则】

两人必须配合默契，上下运球前进，如同一人，不能掉下，否则为失误。

21. 投篮进筐

【参赛人数】

8~16人，分为两队。

【比赛道具】

在地上画一条投掷线，其5米外布置一只箩筐，准备一只布口袋，内装30只网球或乒乓球，蒙目套一个。

【竞赛方法】

甲蒙目站在线后，背对箩筐，在乙的语言提示下，不断调控出手的轻重、远近和左右，进行投球，直到投进三球为止，换下一人进行。

39

等到每个人都体验过后，讨论一下体会。

【竞赛规则】

各队以进球的多少论输赢。

22. 请朋友

【参赛人数】

10～20人。

【比赛道具】

大家围圈坐在椅子上，另加一只空椅子，主持人播放轻音乐。

【竞赛方法】

竞赛开始，空位两旁的人要拉着手跑到对面去邀一个人，请他坐上空位置。于是，又出现了一个空位，旁边两人又得继续拉手去邀请。

【竞赛规则】

如此进行下去，过上一阵后，音乐中断，空位旁的两人或来不及回座位的三人，则要表演一个小节目。

23. 托排球

【参赛人数】

6～12人，分成两队。

【比赛道具】

一个小队一只排球。

【竞赛方法】

各队围成一个松散的圆阵，发给一只排球，发令后，开始托垫球，一边托垫一边大声喊出次数来。

【竞赛规则】

如果失误了，必须立即拾起再从头数起，在规定的2分钟时间内，托垫得多的队名次列前。

24. 拉圈传棒

【参赛人数】

10~20人，分成两队。

【比赛道具】

接力棒。

【竞赛方法】

背对圆心，手拉手成一圆圈。主持人发给排头一根接力棒，夹在下巴颏和脖颈之间，发令后，依次按逆时针方向传递，不得松手。

【竞赛规则】

不慎掉棒必须趴倒在地，重新用规定的部位夹起，继续朝下传递，先完成三圈的队名次列前。

25. 挤占轮胎

【参赛人数】

10~20人，分成两队。

【比赛道具】

充气轮胎。

【竞赛方法】

各队发一个充满气的轮胎，开始前可讨论3分钟并尝试，正式开始时主持人发令，各小队迅速挤踩在轮胎上面，要求身体的任何部位都不得着地，看哪个队最快做到，并能坚持2分钟。人数不易太少，轮胎上挤满人为宜。

【竞赛规则】

有1人未上即为输。

26. 架桥过河

【参赛人数】

30~50人，分为两队。

【比赛道具】

在地上画两条相距为 15 米的平行线，代表"小河"。发给各小队 13 只椅子。

【竞赛方法】

在起点线后排成一路纵队，人都站在椅子上。发令后，各队齐心合力把后面一只空余的椅子传到起点线前，12 人依次向前移，再把后面空出来的椅子传到前面。如此连续挪椅移位前进。

【竞赛规则】

人自始至终不能离开椅子，椅子之间不得有空隙，否则判为失足掉进河里，酌情扣分，安全到达彼岸的队即可得分。

27. 龙的传人

【参赛人数】

20～40 人。

【比赛道具】

郊外草地。

【竞赛方法】

二个小队排成二路纵队，从队尾开始，一人仰面挺直身体倒下，纵队的人蹲下用双手将其托起，接着朝前移动，直至排头慢慢落下。大家依次都体验二次当龙和当珠被传递搬运的滋味。然后畅谈体会。

【竞赛规则】

先完成者为赢。

28. 夜　战

【参赛人数】

6～12 人，分为两组。

【比赛道具】

蒙目罩、充气塑料大棒等。

【竞赛方法】

竞赛每次二人，戴上蒙目罩，手持充气塑料大棒，原地转三圈，然后在其同伴的引领下，寻到目标，用充气塑料大棒打击对方，每人有五次出击的机会，如果机会用尽那只能躲闪了，击中对方次数多的为胜。

【竞赛规则】

出击机会用尽，不可再出击，否则判输。

29. 陆地翼伞

【参赛人数】

6～12人，分成两队。

【比赛道具】

发给小队3根中粗竹竿，其中两根长4米，另一根长2米，3根1米长的绳子和8根6米长的绳子，要求用3绳3竿扎成一个A形的三角架，再将8根长绳的一头系在A头上。

【竞赛方法】

将架子竖起，站上一人（双脚踏短横竿，双手扶长竿）由其他队员拉住长绳另一头，移动架子前移通过1个10米长2米宽的通道。

【竞赛规则】

途中不得倒架，其他队员不得碰架，不得进入通道。要求每人都体验过被移动的角色。

30. 蒙目抛小球

【参赛人数】

6～12人，分成两队。

【比赛道具】

蒙目罩、口袋、小球、水桶等。

【竞赛方法】

竞赛者戴上蒙目罩，手持一个口袋，内有小球24只，站在投掷线

上背对水桶，在同伴的语言指引下，努力将小球投进水桶。

【竞赛规则】

投进多者为胜。

31. 摘椰子

【参赛人数】

9～18人，分为两队。

【比赛道具】

准备一根中粗而又结实的毛竹竿，其长4～5米。在其竿顶粘挂一束五彩缤纷的气球。

【竞赛方法】

活动开始，要求小队的全体成员先把毛竹竿垂直扶起，然后让每一个人依次爬上去取下一只气球。若有困难，同伴们可以在确保不倒竿的情况下，给予帮助和支持。如让他踩肩，替他托臀等。

【竞赛规则】

竹竿倒者为输。

32. 默契握手

【参赛人数】

8～12人。

【比赛道具】

蒙目罩。

【竞赛方法】

每次二人上场，戴好蒙目罩，二人面对面，相距约1米，相互伸胳膊摸到对方的手，然后收回。接着一二三原地转3圈，面对自认为同伴应该站立的位置，伸手握之。重新选择同伴，再做一次。体验一下第六感觉的存在。

【竞赛规则】

不得私自摘下蒙目罩，不得用语言示意对方。

33. 叫号跑

【参赛人数】

20~40人，将各小队排成四列体操横队，四人为一队，按前后次序1~4编号。

【比赛道具】

操场或比较大的室内场所。

【竞赛方法】

竞赛开始，主持人发令如喊"3号！"则各队的3号，绕本队跑一圈，看谁最快完成为胜。

【竞赛规则】

（1）用简单的心算题发令，如："5—2！"即为3号跑圈。

（2）先规定所做动作要求，再发令："侧身跑，4号！"也可用单足跳、双足跳、倒着跑、矮子跑等。

（3）明确被叫到号的人，向前加速跑，跑至对面拍一下墙壁再返回，看谁反应快。也可规定用高抬腿跑、跨步跑、途中转身三周跑，还可令"号背号跑"、"某号与某号合作'推小车'前进5米"等。大约活动15分钟，心率达到160次/分后，就告一段落。

34. 发挥想象力

【参赛人数】

8~10人。

【比赛道具】

用硬纸板准备一些圆形、三角形、长条、四方形的图形。

【竞赛方法】

邀请若干队员上场，主持人给一人一个圆和一个长条图形，请他在规定的一分钟内，利用自己丰富的想象力进行发散性思维，尽可能多地说出这两个图形可组合成哪些东西。例如圆和长条成垂直就是一把伞，也可把它看做是一副大饼油条、笔记本和钢笔，还可以组合成篮球架、镜架、苍蝇拍……

【竞赛规则】

以组合巧妙、合理、形象、丰富多彩、让人觉得言之有理名次列前。

35. 同心协力

【参赛人数】

20 人，分成两组。

【比赛道具】

排球 20 个。

【竞赛方法】

小队个人双膝夹住一只排球站成纵队，后一人搭在前一人的肩上，排头双手叉腰。发令后，同心协力从起点跳跃前进并喊口令："一，二！一，二！……"至 15 米处的折返线后全体向后转，左手搭住前一人的右肩，排头左手叉腰，右手持球，大家一起喊有节奏的口令运球返回。

【竞赛规则】

中途不能失球或散架，如果失误了必须重做，直至成功。

36. 竞赛舞

【参赛人数】

6~18 人，每 6 人为一组。

【比赛道具】

音乐播放器。

【竞赛方法】

每三人手拉手成一个大圆圈，然后每甲、乙、丙三人站在圆周线上，围成一个小圆圈。音乐一响，第一、二个八拍：大家拍手，各小圈的甲用跑跳步，绕二周后回到原位。第三个八拍：甲、乙、丙胸前击掌两下，侧平举，与左右的人击掌两下，同时左脚侧开踮一下地。

第四个八拍：甲、乙、丙胸前击掌两下，身体前屈半蹲，双手拍自己的臀部两下。第五个八拍：甲、乙、丙手拉手，逆时针方向跑跳步一周。第六个八拍：边唱"嘿！嘿！嘿！"边用单足跺地三下，然后用手心手背法猜拳。如果三人全都一样，则仍由甲开始领跳。

【竞赛规则】

如果有一人与其他两人不同，则由他担任下一轮的领跳者。之后，音乐重复，第一、二个八拍，领跳者必须绕本圈一周后，跑到下一个小圈，下面动作同前。

37. 乘公共汽车

【参赛人数】

8～10 人。

【比赛道具】

椅子、瓜皮帽、纸棒。

【竞赛方法】

各队派一名选手来到台前，各坐在一把椅子上。主持人有表情地朗读一则小故事，要求参赛选手头戴一顶瓜皮帽扮演"小明"，听见"站"字坐下，听到"坐"站起来，谁做错就得挨一下站在其后面队员的纸棒，最后做错的次数最少者，还要回答几个文明礼貌的小问题，答得好的为优胜。

……有一次，小明和妹妹乘公共汽车。上车后，小明发现一个空座位，他丢下妹妹赶紧跑过去坐下。这时，过来一位老奶奶，她扶着拉手，站在小明身边。妹妹对小明说："哥哥，你看你，你坐着奶奶站着，多不好啊！你赶快站起来，让奶奶坐吧！"小明挨了批评，心里很不高兴，赌气说："你让我站着，我就偏不站，我要坐嘛！"老奶奶听了笑笑说："没关系，你坐吧，我不坐。"妹妹站在小明身旁气得噘起了小嘴，说："你真不懂礼貌，我再也不愿站在你旁边了！"这时，汽车到站了，那位老奶奶下了车。望着老奶奶远去的身影，小明的心里很不是滋味，他觉得自己是错了，情不自禁地站起来，悄悄地离开了那个座位，嘴里自言自语地说："哎，怎么搞的，坐和站，站

和坐，坐坐站站，站站坐坐，坐站坐站，站坐站坐，坐站站坐，站坐坐站，到底是站还是坐，今天我怎么糊涂了!"

【竞赛规则】

做错达三次者为输，轮到下一个做。

38. 请尝山楂片

【参赛人数】

人数不限。

【比赛道具】

山楂片。

【竞赛方法】

主持人请队员们放松站立，双手在背后钩搭住，各自把头仰抬起来，依次在他们的额头上放一片山楂，要求他们巧妙地改变头的位置，使山楂片移动，落进自己的嘴里，吃掉。一旦成功马上可以说："我成功了!"主持人便可马上再给他在额头上放一片。在规定的时间内，吃到山楂片多的受到赞扬。

【竞赛规则】

若将山楂片落地，不得拾起，但可另外再给一片。

39. 倒跑比赛

【参赛人数】

人数不限。

【比赛道具】

接力棒。

【竞赛方法】

（取4组第一名）每团体出4组一组4人男女混合（1男3女，第一棒男队员）每人50米，要求拿上接力棒，传给下一个运动员。

【竞赛规则】

不准侧身跑。

40. 串珍珠

【参赛人数】
8~10人。

【比赛道具】
珍珠（算盘珠若干），细铁丝（30厘米），筷子。

【竞赛方法】
比赛采用接力形式进行，每队第一人听到发令后，跑向终点处用筷子夹起珍珠串到细铁丝上跑回，第二个继续，最先串完珍珠的队为胜。

【竞赛规则】
中途不准掉珠，否则视为犯规。

41. 海豚戏珠

【参赛人数】
男女各5人。

【比赛道具】
呼啦圈、大网兜、排球、筐。

【竞赛方法】
参赛队员成一路纵队站在起跑线后，比赛开始，第一人手拿排球向前跑出，钻过二个呼啦圈到达终点将球投进筐内，然后再拿一球跑回起点交给第二人，依次进行，以先完成的队为胜。

【竞赛规则】
胜者以筐内球数为准。

42. 争分夺秒

【参赛人数】

8~16人。

【比赛道具】

水桶、水杯、水瓶、水。

【竞赛方法】

参赛队员一路纵队站在起跑线后，比赛开始后拿空水杯在水桶中盛满水后向前跑至折返点返回，途中将水杯中的水倒入空水瓶中，将水杯交给下一个人，依次进行。

【竞赛规则】

比赛时间3分钟，比赛结束以各班水瓶中水的多少判定名次，水多的班为胜。

43. 脚夹球跳接力赛

【参赛人数】

10~12人。

【比赛道具】

接力棒，软式排球。

【竞赛方法】

把一个队平均分成A组和B组，两组相对站立，相距15米站成一路纵队，A组的第一人手拿接力棒，两脚夹一软式排球准备。当听到信号后，以蛙跳方式跳向本队的B组的第一个人，同伴接棒后，采用同样方式跳向A组第二名队员，重复进行，以各队完成时间多少排定名次。

【竞赛规则】

在跳的过程中，球若掉落，须在原地夹好后再继续跳进，否则判为失败。

44. 球类沙龙

【参赛人数】

10~12人。

【比赛道具】

足球、篮球、排球、网球、毽球、乒乓球、塑料筐。

【竞赛方法】

各队成一路纵队站在起跑线后，起跑线前每隔5米放置一个筐，筐内依次放置足球、篮球、排球、网球、毽球、乒乓球等器械。

【竞赛规则】

要求队员每经过一处要用颠、拍、垫、踢等方法击打各类器械5次。比赛采用接力形式进行，先完成的队为胜。

45. 大猩猩赛跑

【参赛人数】

男女各5人。

【比赛道具】

软式排球。

【竞赛方法】

参赛队员成一路纵队，第一人用腹部夹紧软式排球做好准备，比赛开始，由第一人开始向前跑出，绕过标志物跑回，将软式排球交给第二人，依次进行，以先完成的队为胜。

【竞赛规则】

中途掉球者应重新夹紧球再比赛。

46. 运沙包投篮

【参赛人数】

男女各6人。

【比赛道具】

沙包、纸篓。

【竞赛方法】

各队成一路纵队站在起跑线后，排头两脚夹一沙包准备。比赛开始，采用双脚跳跃的动作出发，跳到15米远处时双脚夹着沙包起跳，将沙包投入纸篓跑回，依次进行，先完成的队为胜。

【竞赛规则】

（1）只能用双脚投篮。

（2）每投进一球，总时间减掉二秒。

第三章

团结友爱的协作训练

1. 舞龙头

【参赛人数】

8～12人。

【比赛道具】

一块场地。

【竞赛方法】

通过抽签，决定活动的先后次序。由一名队员当"龙头"，其他队员们都排在他后面成一路纵队。活动开始，主持人播放音乐，龙头按节奏以足踏步前进，大家尾随，接着，他做各种各样引人发笑的动作，如鸭子步、熊走、猫行、孙悟空、猪八戒、醉汉、老头儿老婆儿赶集，或者冲锋、投弹、游泳、滑冰、开摩托车等，后面的队员要跟着"龙头"模仿，并且招手不断地邀请观众们。观众来了兴致，也可以加入到欢快的行列中去。

【竞赛规则】

一旦龙头想不出新动作、重复已做过的动作或者长时间地不变化，即为淘汰。接着换下一位队员当"龙头"，活动重新开始。以创新变化动作多者名次列前。

2. 移动火车

【参赛人数】

8～12人。

【比赛道具】

平坦场地。

【竞赛方法】

先选一人做裁判员，将参赛者分成两队。若参加人数多，可多分几队，或举行接力比赛。画终点线与起点线。每队后面的人，双手扶在前面人的肩上，或者扶在腰上，扮成一列"火车"，队首两人叉腰，站在起点线的后面。裁判员一声令下，两"火车"便可由起点线出发，向终点线行进。

【竞赛规则】

在途中，个人不可将手放下，必须保持原来的姿势竞走。哪列"火车"竞走得最快，而又没有脱节或出轨的算优胜。

3. 龙舟竞赛

【参赛人数】

10~20人，分成两队。

【比赛道具】

将两根长竹竿平行地放在地上，竹竿的长度可根据人数来决定。在两根长竹竿的两端，放两根短竹竿。短竹竿的尺寸，可略大于肩宽。短竹竿和长竹竿垂直，用细绳缚好，就成一艘龙舟。做两艘同样的龙舟，放在起点线的后面。起线和终点都用白粉画上一道线，中间的距离大约*10~14*米。

【竞赛方法】

参加竞赛的人数至少要*10*个人以上，平均分成两队，每队排成单行纵队，每队的队首站在起点线，面向终点线，根据龙舟的容量，每次由*4*人、*6*人或*8*人同时来划舟竞渡。

"开始"的口令后，两艘龙舟同时向终点线竞渡。每个人只可用一只手握住竹竿，另一只手规定要作划船的样子。注意在竞渡的时候，步伐要一致，事先每队可拟好"左右左"或"一二一"的喊声，使动作一致。到了终点线后，要急速转身，将龙舟划回起点线的后面，并将龙舟交给下一班，继续竞渡。

以最先竞渡完毕的一队为胜。

【竞赛规则】

不按规定动作操作者判输。

4. 小鸭走路

【参赛人数】

20~40人，每队5~7人，分为若干队。

【比赛道具】

把竞赛者分成人数相等的若干队，每队5~7人。

【竞赛方法】

选半个排球场，把端线和中线分别作为起点线和终点线。各队在开始竞赛的时候排成一路纵队，由第一人坐在第二人的脚背上，第二人坐在第三人的脚背上……后边的人两臂前伸并搭在前面人的肩上。

【竞赛规则】

当发令后，各队协力向前移动。不能散开脱节，脱节为失败。以每队最后一名队员的臀部最早过终点线的为胜。

5. 夹运三球

【参赛人数】

8~12人，两人为一组。

【比赛道具】

竹竿、足球、橡皮筋、独木桥、门洞、花盆等。

【竞赛方法】

发令后跑到第一站的圆圈内拿起两根竹竿（长2米）的两端，并用竹竿夹住3只足球，然后小心翼翼地跨过橡皮筋网格，横越双独木桥，钻过门洞，绕花盆一周。

【竞赛规则】

途中不掉球先到达终点的组为胜。

6. 六人板鞋

【参赛人数】

12~26人，分为2~4队。

【比赛道具】

长板拖鞋、鞋套、提绳等。

【竞赛方法】

每队六人，发给一双长板拖鞋，上面有六个鞋套，鞋头有提绳，

要求六人一起套穿上大板拖鞋，发令后，一起喊"一，二！一，二！"协调前进，途中不得跌跤，先到达终点者为胜。

【竞赛规则】

中途跌跤者判输。

7. 过关斩将

【参赛人数】

32 ~ 128 人。

【比赛道具】

在场地的东南西北各端各画两个相距 2 米的方块代表"关"再用对称型的线条交叉连接起来代表路，每条路长 30 米。

【竞赛方法】

将队员等分成 8 队，排纵队站于各自的关后。发令后，各队排头从关口沿路线跑出，同一路线两人相遇即可用脚或手猜拳，决出胜负，胜者继续前进，负者退出竞赛并迅速通知下一人马上出发再去较量……直至有一方连斩数将冲进对方的关，就算胜了一局，接着交换对手再玩，最后积分多的队为胜。

【竞赛规则】

用脚或手猜拳时，迟出或慢出者无效。

8. 团队热身

【参赛人数】

8 ~ 20 人。

【比赛道具】

小队旗，大号水笔，粘贴纸和草稿纸若干份。

【竞赛方法】

参赛者先逐一作自我介绍，然后选出队长，集体讨论给本小队起队名，设计队旗、队徽，创作队歌并确定自己的口号。时间规定为 5 分钟，完成后派出代表，各用 1 分钟的时间，向主持人和观众依次展

57

示作介绍。

【竞赛规则】

在规定的时间内做完者，经评比决出名次。

9. 思维体操

【参赛人数】

6~12 人。

【比赛道具】

收录机，音乐带。

【竞赛方法】

选择若干节奏明快、健美、欢乐的音乐，配上体操口令，只连续重复喊节拍，灌好录音。做操的时候，培训主持人用收录机播音领操，但每节操不报名称，也不呼起止，只是让队员先看一遍主持人的示范，接着马上就得跟节拍照做，不得犹豫或反方向，一旦错了必须立即自觉纠正。主持人领做各节动作基本上仍遵循编操规律，但花样繁多，变化莫测，每节究竟做几个八拍也是灵活决定的，时常故意颠来倒去，甚至做单侧的、行进间的、坐地的，达到目的便关机结束。

该竞赛生动活泼，能有效地提高队员的大脑皮层神经细胞的兴奋性，增加欢乐的气氛，高度集中注意力。完成后，可议论一下心得体会，如何才能适应变化多端的任务。

【竞赛规则】

连续三套体操跟不上节拍者，自动退出。

10. 过湿地

【参赛人数】

12 人，分成两队。

【比赛道具】

高跷，长、短绳。

【竞赛方法】

发给各队一副高跷，1 根 25 米长的绳、2 根短跳绳、2 根长跳绳。要求全体队员通过一块长 30 米宽 2 米的"湿地"。

【竞赛规则】

脚碰着湿地者，判输。

11. 勇气号登陆车

【参赛人数】

12～36 人，4 人一组。

【比赛道具】

绿茵场或郊外草地。

【竞赛方法】

每组四人，按东南西北方向成小正方形图案的俯卧，并依次将自己的双脚背搭挂在下一人的后背上，组成一个无脚着地、仅有四双手撑地的"登陆车"。现在要求各小队派四人上场，不准用任何东西，只利用四人的身体，做成一辆勇气号登陆车，只能以手触地，其他部分不得碰地，成功之后还须做到：

（1）牢固，并坚持得时间久。

（2）四人一起喊"一，二！一，二！……"做俯卧撑，看哪组做得多。

（3）比赛"登陆车"移行的距离，看哪组成绩好。

（4）比创想内容多（如：比原地转圈多，月球车搬运小折垫等）。

【竞赛规则】

胸腹部不得触地。

12. 面对面地介绍

【参赛人数】

20 人以上，分成 2 队。

【比赛道具】

一块平整的场地。

【竞赛方法】

将所有人排成两个同心圆，随着歌声同心圆转动，歌声一停，面对面的两人要相互自我介绍。

【竞赛规则】

（1）排成相对的两个同心圆，边唱边转，内外圈的旋转方向相反。

（2）歌声告一段落时停止转动，面对面的人彼此握手寒暄并相互自我介绍。不能完成上述动作者判输。

13. 盲人方阵

【参赛人数】

20人左右。

【比赛道具】

30个眼罩，25米长的绳子1根。

【竞赛方法】

在队员蒙上眼睛后，让每位队员原地转三圈，再向前走5步。然后老师将一捆缠绕在一起的绳子交给队中的一位队员，要求团队在30分钟之内利用这捆绳子组成一个最大的正方形，队中所有成员相对均匀地分布在四条边上。

【竞赛规则】

在项目没有完成之前不许解开眼罩。

14. 卧式传递

【参赛人数】

10人以上。

【比赛道具】

一块平整的场地，3块长形垫子。

【竞赛方法】

把小组分成两排，背对背站好，然后平躺在垫子上，双手向上举起，两手之间要有一定的距离，所有队员要肩挨肩，并且肩膀要在一条直线上。

一个队员身体绷直，由老师保护平躺在队员的手上，躺在垫子上的队员要用自己的双手把上面的队员从队伍的一侧平托举到队伍的另一侧放下，然后再从下一个队员开始，直到所有的队员都被托举一遍为止。

【竞赛规则】

大家必须集中精力和紧张身体；被传递的人到末端时一定要有人接应；传递过程中有一人失误即判输。

15. 大树与松鼠

【参赛人数】

10 人以上。

【比赛道具】

一块平整的场地。

【竞赛方法】

事先分好几个组，三人一组，其中两人扮"大树"，面向对方伸出双手搭成一个圆圈形成"树洞"；一人扮松鼠，并站在"树洞"中间；主持人或其他没成对的队员担任自由角色。

（1）当主持人喊"松鼠"时，"大树"不动，扮演"松鼠"的人就必须离开原来的大树，重新选择其他的大树；主持人或临时人员成为"自由松鼠"也趁机寻找"树洞"，最后没有"树洞"的"松鼠"应表演节目。

（2）当主持人喊"大树"时，"松鼠"不动，扮演"大树"的人就必须离开原先的同伴重新组合成一对"大树"，并困住某个"松鼠"，主持人或临时人员临时扮演"自由大树"，最后没有形成"大树"的人应表演节目。

（3）当主持人喊"地震"时，扮演"大树"和"松鼠"的人全部打散并重新组合，扮演"大树"的人也可扮演"松鼠"，"松鼠"

也可扮演"大树",主持人和其他临时人员也加入竞赛中,最后落单的人表演节目。

【竞赛规则】

时间限定在 10 分钟之内。

16. 代号接龙

【参赛人数】

10 人以内。

【比赛道具】

室内外场地。

【竞赛方法】

(1)队员围成一个圆圈坐着,先选出一人做"鬼"。

(2)队员以"鬼"的位置为基准,从"鬼"开始算来的数字,就是自己的代号,每个当"鬼"的人都是 1 号,"鬼"的右边第一位是 2 号,依次为 3 号……

(3)竞赛从"鬼"的位置开始进行。如果"鬼"开始说"1、2",其意思就是由 1 号传给 2 号的意思。

(4)2 号在接到口令后,就要马上传给任何一个队员,例如"2、5"的话,2 当时就是自己的代号,5 则是自己想传达者的代号,此数字可以自由选择。

(5)如此一直进行比赛。

(6)如果自己的代号被叫到而却没有回答的人,就要做"鬼"。

(7)"鬼"的代号是从 1 开始,所以当"鬼"换人的时候,则所有人的代号重新更改。

【竞赛规则】

在 5 秒之内没有将号传递下去者判输。

17. 数字传递

【参赛人数】

10~48 人。

【比赛道具】

用三个纸板各写一组数 0、900、0.01。

【竞赛方法】

（1）将队员分成若干组，每组队员 5~8 名左右，并选派每组一名组员出来担任监督员。

（2）所有参赛的组员排纵队排好，队列的最后一人到主持人处，主持人向全体参赛队员和监督员宣布竞赛规则。

（3）各队代表到主席台前，主持人说："我将给你们看一组数字，你们必须把这组数字通过肢体语言让你全部的队员都知道，并且让小组的第一个队员将这组数字写到讲台前的白纸上（写上组名），看哪个队伍速度最快、最准确。"

（4）全过程不允许说话，后面一个队员只能够通过肢体语言向前一个队员进行表达，通过这样的传递方式层层传递，直到第一个队员将这个数字写在白纸上。

【竞赛规则】

比赛进行三局，每局休息 1 分钟。第一局胜利积 5 分，第二局胜利积 8 分，第三局胜利积 10 分。

18. 罐头鞋

【参赛人数】

10~14 人。

【比赛道具】

大汽油桶 3 只，分别涂色，长 35 米，宽 0.28~0.3 米，厚 0.07 米，黄花松木板两块。

【竞赛方法】

（1）把两块板平放在 3 个桶上，板头分别压在桶的二分之一处。

（2）召集队员至场地，请不超过 14 人站到放在铁桶上的木板上，并宣布此项目名称。

（3）要求大家在 40 分钟的时间里，在人不落地的情况下，把 3 个桶和两块板向其延长线的方向移动两块板的距离。

（4）宣布从现在起任何人不能下地，直至到达目标物。

（5）可以利用的器材为两块木板，3个铁桶。

【竞赛规则】

人不许下地，板不许落地，桶不许倒地，犯规一次罚10分。下面的人不能帮助，时间为40分钟，超时1分钟罚1分，不可超时25分钟。

19. 全体离地

【参赛人数】

12～30人。

【比赛道具】

9条粗竹子，9条小白绳。

【竞赛方法】

（1）主持人发给每组9条竹子和9条小白绳。

（2）该小组必须在20分钟内建起一个架构，该架构可以使全体的组员同时离地3分钟。

【竞赛规则】

超时判输。

20. 解方程式

【参赛人数】

12～16人。

【比赛道具】

每组一条约20米长的编织绳。

【竞赛方法】

（1）依照每组人数，在绳索上取等距打上单结；每个绳结旁均由一人单手握住。

（2）设法用握住绳索的手，将整条绳索的结打开。

【竞赛规则】

（1）整个过程中手不可离绳索。

（2）不可借助任何器具及另一只手的协助。

21. 翻叶子

【参赛人数】

12～16 人。

【比赛道具】

每组一块布（约可让整组人站上或稍大）。

【竞赛方法】

（1）所有队员现在是一群雨后受困的蚂蚁，在水面好不容易找到一块叶子站上，却又发现叶面充满了毒液，除非大家可以将叶子翻面，否则又将遭受另一次生命的威胁。

（2）在叶子成功翻面以前，每隔 3 分钟，就有一人中毒失明（或无法说话），由团队自行决定谁是中毒者。

【竞赛规则】

（1）整个过程都站在叶子上，包括讨论。

（2）所有人身体的各部位均不可碰触到叶子以外的部分，否则重来。

22. 千斤顶

【参赛人数】

10～50 人。

【比赛道具】

平坦且空旷的场地。

【竞赛方法】

（1）刚开始 2 人一组操作（找体型相仿的伙伴搭配），两人面对面坐在地上，脚底相抵、膝盖弯曲、双手紧握。

（2）双方用力互拉，使两人同时垂直站起。

（3）当两人小组成功后，再增加一位伙伴，以同样方式站起，然后依序增加人，直到整个团体都试过。

【竞赛规则】

执行时脚一定要有接触，手要互握，所有的人臀部要同时离开地面。

23. 木人梯

【参赛人数】

12~50人。

【比赛道具】

一个60公分长的体操棒若干支。

【竞赛方法】

（1）所有成员两人一组，手握一支约60公分长的体操棒，面对面搭成一排木梯（可直立或横或倾斜），高度不宜过腰。

（2）所有成员须依序攀爬通过木梯。

（3）要注意踩稳后再前进。

【竞赛规则】

（1）不能碰触或协助攀爬者。

（2）掉下或犯规须回原点重来。

24. 默契报数

【参赛人数】

10~60人，分为若干组。

【比赛道具】

平坦场地。

【竞赛方法】

（1）让所有成员围成一个大圆圈。

（2）所有人同时面向圆心，分别往圈内走五步，碰到人则让开继续走。可斟酌前进1~2步。

（3）走完五步则立定，然后开始报数，从 1 报到 30（以上为混乱顺序之方式，亦可以请所有成员以"逛大街"的方式，随处游走，务使每个人的方向一致）。

（4）不限制报数的前后顺序，一切由彼此的默契来决定。

（5）若有成员报相同数目则要重来。

（6）直到所有数目从 1～30 依序被报过且没有重复时，则任务达成。

【竞赛规则】

（1）谁都可以开始。

（2）同一人不可连续重复报数。

（3）成员间不可以沟通、提醒、暗示或使眼色。

（4）若有两人或多人同时报数，则要重来。

（5）以不超过 30 分钟为原则。

25. 平结绳圈

【参赛人数】

10 人以上。

【比赛道具】

准备长短不一的绳子若干（依人数而定）。

【竞赛方法】

（1）主持人将平结的打法教给队员，注意平结是一种绳子的活结打法，节点可以任意伸缩。

（2）队员将平结打好后成一绳圈，放在地上，然后队员将脚放在绳圈之内。

（3）主持人提醒队员："你们的脚在绳圈之内了吗？确认安全了吗？"

（4）队员确认之后，主持人说："开始换位"，队员全部离开自己的绳圈并到其他的绳圈之内。三次之后，开始逐渐减少绳圈的数量，每次减少一个，主持人就要提醒队员："你们的脚在绳圈之内了吗？你们确认安全了吗？"但要求就是所有队员不得在绳圈之外（可能是

几个人同时挤在同一个绳圈里)。

（5）到最后只剩下一个绳圈的时候，所有人都站在一个绳圈里，不断缩小圆圈，直到所有人都紧紧挤在一起。竞赛第一阶段结束。

（6）竞赛第二阶段：当主持人不断地将绳圈缩小至极限范围，并不断询问所有人有没有信心挑战极限。队员不断地会进行挑战，当到达极限的时候，往往会出现一些意想不到的结果；比如，有人会提示出我们有没有办法寻找新的思路来挑战极限。记住，主持人要注意把握队员的场上气氛，及时加以引导。如果队员没有办法解决问题的时候，主持人应视情况将解决方法公布。所有队员可以坐在地上，将脚放在绳圈内。

【竞赛规则】

脚必须在绳圈之内。

26. 齐眉棍/圈

【参赛人数】

10 人以上。

【比赛道具】

1 根 2~3 米左右的轻质塑料棍（最好可伸缩）或呼啦圈。

【竞赛方法】

（1）让小组成员站成相对的两列或并排一列亦可，让小组成员全部将双手举到自己的眉头的位置。

（2）将轻质塑料棍放在每个人的双手上，注意：必须保证每双手都接触到轻质塑料棍，并且手都在轻质塑料棍下面。

（3）要求小组成员将轻质塑料棍保持水平，小组成员的任务是：

在保证每个人的手都在轻质塑料棍下面的情况下将轻质塑料棍完全水平的往下移动。一旦有人的手离开轻质塑料棍或轻质塑料棍没有水平往下移动，任务就算失败。

（4）用圈亦可代替做本竞赛。

【竞赛规则】

塑料棍必须保持水平下降。

27. 橡皮筋

【参赛人数】

10～20 人。

【比赛道具】

和队员人数相等的凳子和牙签。

【竞赛方法】

将队员分成两组，一组队员排成一排，站在凳子上。给每位凳子上的队员发一支牙签衔在嘴里，给第一位队员的牙签上套一个橡皮筋，要求第二名队员用牙签接住后向下传，第三名接住后再往下传……直到最后。而站在地上的一组队员除了不能推凳子上的人外，可以用任何办法进行干扰，如果橡皮筋掉了的话，就要重新开始。一组传完后，两组队员交换角色。

【竞赛规则】

（1）每次传递定时 5 分钟。

（2）站在地上的一组不可推撞凳子上的队员。

28. 人　浪

【参赛人数】

10 人以上。

【比赛道具】

大缆绳。

【竞赛方法】

（1）全体队员手握缆绳围成一圈，面向圆心，同时向后靠，形成一个巨大的人圈。

（2）主持人发出指令。

①某个方向的人向下蹲，另外三个方向的人感觉中间力量的变化。

②按顺时针方向逐一向下蹲，完成人浪的操作。

【竞赛规则】

下蹲时跌倒者淘汰。

29. 我是记者

【参赛人数】

不限。

【比赛道具】

纸和笔。

【竞赛方法】

（1）让队员们找到自己的拍档，最好不要太熟悉的人，然后其中一个人作为记者对这位拍档进行采访，采访的内容和形式都由自己定，时间为3分钟。你的目的是在3分钟内尽可能获取有深度的消息，要求你在采访过程中做笔记，完成后再进行角色交换。

（2）完成采访后，每位队员要把采访来的信息做一次一分钟的演讲，目的是要把你采访的人以最佳的表达方法介绍给大家。

【竞赛规则】

采访限时10分钟。

30. 呼啦圈竞赛

【参赛人数】

12人或14人一组。

【比赛道具】

每组一个呼啦圈。

【竞赛方法】

全体参加竞赛人员手拉手围成一圈站在一起，其中两人一人握住呼啦圈的一边。要求大家不松手，全体人员都要钻过一遍呼啦圈。

【竞赛规则】

不允许身体任何部分接触呼啦圈，否则需重新开始。

31. 信息传递

【参赛人数】

30~50人，10人为一组。

【比赛道具】

一则摘自报纸杂志的简短文章。

【竞赛方法】

（1）先从近期报纸杂志中摘选一则 2~3 段长的文章，但不要热门的新闻。

（2）将队员分成 10 人一组。并将各组成员从 1 号到 10 号分好次序。请 1 号留在教室内，其他人先出去。然后，你把故事念给各组的 1 号听，但不允许他们提问或做记录。然后，2 号可以从教室外进来，每组的 1 号负责将故事复述给 2 号听。接着 3 号进来，2 号将故事再复述给 3 号听，直至每组的 10 号都听到了故事。

（3）请每组的 10 号队员复述一下听到的故事。

【竞赛规则】

10 号队员复述准确率达 50% 者为优胜组。

32. 盲人看世界

【参赛人数】

8~12 人。

【比赛道具】

手帕几条。

【竞赛方法】

（1）主持人说明此活动是让大家体验领导者与被领导者。活动中要有 5 个队员先蒙住眼睛，其他成员则任选其一做同伴，站在他旁边去领导他，但不可说话，不可让他知道是谁，试着用其他方式带领同伴。

（2）主持人对未蒙眼睛的成员说明带领时的要点（不可让蒙眼睛者听到）。你现在是领导者，看你如何用自己的方式，带领同伴去经历他周遭的世界。你如何借自己的领导，来扩充他的世界。注意自己的态度，是保护呢，还是不太能照顾的？对你来说，带领一个人是否为很重的负担，需很大的努力吗？

（3）开始选择同伴。

（4）主持人说明：现在开始去扩充你的世界（不可说话），10分钟后回来。

（5）10分钟后，大家回来，拿下眼罩，看自己的同伴是谁。此刻成员的紧张、焦虑会提高，领导者会想，被领导者会不会对自己的领导失望，二人会有可能回到真实世界中的焦虑，因为真实世界中并未鼓励人与人之间这种接近和信任，所以团体在此时的气氛可能会有改变。特殊的感觉会带来笑声、叫声或惊讶。

（6）二人先自己分享彼此的感觉5～10分钟。

（7）二人再回大团体和团体分享15～20分钟。

（8）角色互换（可换新同伴，或仍是旧同伴）继续以上之活动，仍先由二人分享，再到大团体分享。

【竞赛规则】

必须蒙住眼睛。

33. 盲人摸号

【参赛人数】

14～16人一组比较合适。

【比赛道具】

眼罩及贴纸。

【竞赛方法】

（1）让每位队员戴上眼罩。

（2）给了他们每人一个号，但这个号只有本人知道。

（3）让小组根据每人的号数，按从小到大的顺序排列出一条直线。

（4）全过程任何人不能说话，只要有人说话或脱下眼罩，竞赛则结束。

【竞赛规则】

（1）比赛期间眼罩不能摘下。

（2）不能把自己的号告诉对方。

第四章

取长补短的互助练习

1. 过 河

【参赛人数】

10～20人。

【比赛道具】

软垫一块。

【竞赛方法】

找一个运动场,在场中画两条相距60厘米的平行线作为河。将参赛者分成两队,各成单行纵队,面对河站立。各队找出两个大力士在队前对面站立,两脚分踏河的两边,两手互握腕部。在河的对岸,各置垫子一块。

哨声响后,各队由排头始,依次做下列动作:走到河边两位大力士的跟前,仰卧在大力士互握的手上,3人同心协力使之迅速翻身过河,落在河对岸的垫上。

【竞赛规则】

过河者在对岸垫子上能站稳的得一分。以得分最多的一队为胜。

2. 坐地起身

【参赛人数】

10～20人。

【比赛道具】

一块平整的场地。

【竞赛方法】

(1) 首先要求队员4个人一组,围成一圈,背对背地坐在地上(坐的意思是臀部贴地)。

(2) 一般来说,一个坐在地上的人,手不把扶其他物体是很难站起来的。

(3) 4人手"桥"手,然后要他们一同站起来。很容易吧?那么再试试人多一点如6～7个人,应该还不是太难。最后再试试十四五人

一同站起来，那难度就会较高了。

【竞赛规则】

手不可撑地。

3. 连环手

【参赛人数】

10～50人，10人一组。

【比赛道具】

一块平整的场地。

【竞赛方法】

（1）主持人让每组队员站成一个面向圆心的圆圈。

（2）主持人说：先举起你的右手，握住对面那个人的手；再举起你的左手，握住另外一个人的手；现在你们面对一个错综复杂的问题：在不松开手的情况下，想办法把这张乱网解开，最后形成一个大家手拉手围成的一个大圆圈。

（3）主持人告诉大家：乱网一定可以解开，但答案会有两种，一种是一个大圈，另外一种是两个套着的环。

（4）如果在尝试过程中实在解不开，主持人可允许队员决定相邻两只手断开一次，但再次进行时必须马上封闭。

【竞赛规则】

不能抓自己身边队员的手，自己的两只手不能同时抓住另外一个人的两只手，没有主持人的批准，任何情况下，队员的手都不能松开。主持人要多鼓励队员坚持到底，尽量不松手。

4. 众志成城

【参赛人数】

20～40人。

【比赛道具】

数张泡沫拼图（或报纸）。

【竞赛方法】

（1）先将全体队员分成几组，每组约10人。

（2）主持人分别在不同的角落（依组数而定）的地上铺一块一平方米的泡沫拼图，请各组成员均站到泡沫拼图上，无论以什么方式站立都可以，但任何人的脚不可以踏在泡沫拼图之外。

（3）各组完成后，主持人请各组拿掉一块泡沫拼图后，再请各组成员踏在拼图上。若有成员被挤出拼图外，则该组被淘汰，不再参加下一回合比赛。如此逐步减少泡沫拼图，再请各组成员踏在拼图上，进行至淘汰到最后一组时结束。最后一组为胜利者。

【竞赛规则】

不可推撞他人。

5. 疾风劲草

【参赛人数】

8人一组为最佳。

【比赛道具】

室内外均可。

【竞赛方法】

（1）主持人让每组成员围成一个向心圆，而主持人自己站在中央来示范，主持人双手绕在胸前，作出以下的沟通对话。主持人："我叫×××，我准备好了，你们准备好了没有？"

（2）全体队员回答："准备好了！"

（3）主持人："我倒了？"

（4）全体队员回答："倒吧！"

（5）这时主持人整个身体完全倒在团队成员的手中，这时团队成员把主持人顺时针推动两圈。

（6）主持人做完示范之后，小组的每位成员都要来试一试。

【竞赛规则】

不能及时接住圈中人者淘汰。

6. 速　凝

【参赛人数】

12~60 人。

【比赛道具】

较大的室内或者一块平整的场地，排球若干，收录机一台。

【竞赛方法】

(1) 分成 *6* 组，每组以自创的特殊方式结合起来，成员相互了解。

(2) 其中 *3* 个组有球，另 *3* 个组各找一个有球的组，结成 *1* 个大组，要求 *1* 个大组的人再相互交流，了解每一个成员的 *3* 大信息。

①工作的年限（累加，说明我们的经验很足，增加信心）。

②最自豪的事。

③最爱好的事。

(3) 音乐传球，音乐停，球在谁的手中，则由谁介绍这一大组每个成员的情况。

【竞赛规则】

不能准确、清晰地介绍本组全部成员的，罚表演节目。

7. 默　契

【参赛人数】

10~20 人。

【比赛道具】

围巾、绳子。

【竞赛方法】

(1) 让所有成员遮住眼睛将绳子摆成规定的形状（如三角形、正方形等）。

(2) 多次重复规则：眼睛不能看见，每个人双手始终不能离开绳子（结束后指出许多人并没有遵守规定——执行任务中的扭曲命令）。

77

【竞赛规则】

比赛过程中眼睛不能睁开。

8. 断　桥

【参赛人数】

10 人以上。

【比赛道具】

A、B 两块木板架在 8 米高空，其间相距 1.2 米至 1.9 米（间距可调）。

【竞赛方法】

小组每位成员依次自 A 木板跨越至 B 木板并返回。

【竞赛规则】

没返回者判输。

9. 电　网

【参赛人数】

10 人以上。

【比赛道具】

一块平整的场地。

【竞赛方法】

小组全体成员，在规定时间内，穿越面前的一张大网，在此过程中，全体队员身体的任何部位及衣服不得触网，每个网眼只能被使用一次。

【竞赛规则】

触网者判输。

10. 筑　塔

【参赛人数】

10 人以上。

【比赛道具】

桌子若干，筑塔的材料（积木或者其他代用品）。

【竞赛方法】

人员均匀地分到小组中，7人一组。每个小组的任务是：在20分钟时间内，用所提供的材料，按照规定的方法，用最短的时间建造一座符合要求的塔，要求桌面上剩的材料不超过5块。小组之间相互竞争，以筑塔所用时间作为标准，最少时间者获胜。

【竞赛规则】

超过时间者判输。

11. 有轨电车

【参赛人数】

10人以上。

【比赛道具】

两块木板及绳索。

【竞赛方法】

全组队员双脚分别站在两块木板上，双手抓住系于木板上的绳子，向指定方向行进。

【竞赛规则】

脱离木板者判输。

12. 三个进球

【参赛人数】

10人以上。

【比赛道具】

（每个小组）1个大垃圾桶（用来接球），40个网球（放在袋子或盒子里）。

【竞赛方法】

（1）邀请一个志愿者，让他和你一起站在前面。

（2）让志愿者面向某一个方向站好，目视前方，不可以左顾右盼，更不能回头。然后，把装有 40 个网球的袋子交给他。

（3）把垃圾桶放在志愿者的身后，垃圾桶与志愿者间的距离约为10 米。注意不要把垃圾桶放在志愿者的正后方，要让它略微向旁边偏出一些。

（4）告诉志愿者他的任务是向身后的垃圾桶里扔球，要至少扔进 3个球才算成功。告诫志愿者不许回头看自己的球进了没有，落在了哪里。

（5）让其他队员指挥志愿者，告诉他如何调整投掷的力量和方向才能进球。注意，这里只允许通过语言传达指令。

（6）等志愿者扔进了 3 个球后，问他"是什么帮助他实现了目标"，问其他队员是否也觉得很有成就感。

【竞赛规则】

扔进球数不达 3 个判输。

13. 同心圆

【参赛人数】

10 人以上。

【比赛道具】

一块平整的场地。

【竞赛方法】

（1）让队员们紧密地围成一圈，包括你自己。

（2）让每个队员把自己的胳膊搭在相邻同伴的肩膀上。

（3）告诉大家我们将要面临一项非常艰巨的任务。这项任务是大家要一起向着圆心迈三大步，同时要保持大家已经围好的圆圈不被破坏。

（4）等大家都搞清楚了竞赛要求之后，让大家一起开始迈第一步。迈完第一步后，给大家一些鼓励和表扬。

（5）现在开始迈第二步。迈完第二步后，你可能就不必挖空心思去想那些表扬与鼓励的词语了，因为，目前的处境已经使大家忍俊不禁了。

（6）迈第三步，其结果可能是圆圈断开，很多队员摔倒在地上。尽管很难成功地完成任务，但会使大家开怀大笑，烦恼尽消。

【竞赛规则】

不听口令迈步者罚下。

14. 快速传球

【参赛人数】

20 人。

【比赛道具】

1 只皮球。

【竞赛方法】

（1）把队员分成 4～5 个小组，所有的队员围成一个大圆圈，一个组的队员必须在一起，不能错开。

（2）然后将一个小球交给第一队的第一名队员，要求小球必须传过每一个人，不能落地，并规定在 30 秒的时间内必须传完 5 圈。

【竞赛规则】

（1）当规定时间到时，若还没有完成 5 圈，则小球在哪组队员手中，该组全体就要"受罚"（原地深蹲或俯卧撑等）。

（2）"受罚"后，开始进行第二轮竞赛。

（3）开始后的第一轮，队员们会发现要在这么短的时间内传 5 圈是很困难的，因此在第二轮中，有的队可能故意放慢节奏"陷害"其他队。这时候主持人要进行引导，通过几轮竞赛反复后，使队员们发现："陷害"其他队的做法并不可取，因为那是随机的；而唯一能做的就是共同努力想办法去创造记录，比如大家把手伸出形成平面，让球在上面滚过去等。

（4）有些队员可能因受"罚"而产生情绪，认为不公平，所以每轮从不同的起点开始，并在开始前打好"预防针"。

15. 盲人走路

【参赛人数】

10 人以上。

81

【比赛道具】

眼罩。

【竞赛方法】

两人一组（如 A 与 B）。

A 先戴上眼罩，将手交给 B，B 可以虚构任何地形或路线，口述注意事项指引 A 行进，如："向前走，……迈台阶……跨过一道小沟……向左手拐……"然后交换角色，B 戴眼罩，由 A 指引 B 走路。

【竞赛规则】

限时 10 分钟，不能在规定的时间内走完预定路线者判输。

16. 谁是胜利者

【参赛人数】

6 人以上。

【比赛道具】

与参加人数相等的坐垫和结绳。

【竞赛方法】

（1）6 个人围成圆圈，坐在坐垫上。

（2）各自捉住自己的一端，主持人发信号后即可开始拔河，但必须坐好。

【竞赛规则】

脱离坐垫或放开绳子的人就淘汰，最后留下来的人得胜。

17. 袋鼠跳

【参赛人数】

24～96 人。

【比赛道具】

跳袋 2～10 副（每副跳袋是由十几个连在一起的麻袋组成）。

【竞赛方法】

把队员分成若干组，每组队员分别站到跳袋里，双手提住跳袋的

两边，站到起跑线上，听到主持人发出"开始"的口令后，所有队员提着跳袋一起有节奏地向前跳。

【竞赛规则】

脱离跳袋到达目的地者，不计算成绩。

18. 雨

【参赛人数】

10～20人。

【比赛道具】

游艺室内。

【竞赛方法】

（1）以主持人为圆心，所有队员围成五个同心圆并面对主持人。

（2）由主持人示范以下动作，告知大家将要开始经历下雨的全过程。

①手掌相互摩擦：下雨之前的风声。

②手指交互拍打：开始有雨滴。

③多指一起拍打：毛毛雨。

④拍打大腿：下大雨。

⑤拍打胸口：下暴雨。

（3）示范完后请队员操作练习一次，每个动作依序由最内圈向最外圈传递。

（4）请所有队员将眼睛闭上，保持静默，再由主持人从圆心开始将1～5的动作向外圈传递，然后再从5～1，等所有声音停止，再让队员张开眼睛。

【竞赛规则】

比赛过程中不得睁开眼睛。

19. 修复计算器

【参赛人数】

每组12～16人。

【比赛道具】

数字板 30 个（标明 1~30），绳子 8~9 米两条。

【竞赛方法】

（1）用绳子围成一个长方形的框，主持人将数字板字朝上任意放置在框内，在距离 10 米远用另一条绳子标示为起点。

（2）所有成员须自起始线出发到数字框外围，依序碰触 1~30 的数字后回起点。

（3）所有成员须在界线外讨论且不能观察及试验。

（4）号码不可以跳号、重复或同时有一个以上的数字被碰触。

（5）不可同时有两个或以上的人在框内，也不可碰触数字板以外的地面。

（6）活动采用计时方式，每次犯规加计 10 秒。

（7）一共可执行三回合，目标是在最短的时间内完成任务。

【竞赛规则】

最短时间内完成任务者获胜。

20. 同舟共济

【参赛人数】

10~20 人，分为若干组。

【比赛道具】

木板若干块。

【竞赛方法】

参赛队员站在木板鞋上，在起跑线后站好。比赛开始，队员协同动作前进，以船尾到达终点线为比赛结束。

【竞赛规则】

时间少者为胜。

21. 齐心协力

【参赛人数】

8 人。

【比赛道具】

平坦场地。

【竞赛方法】

参赛队员成一路纵队，前面队员抱住后面队员的右腿，后面队员左手搭在前面队员的肩上，比赛开始。队员们单脚向前跳跃前进，以排尾跳过终点线为比赛结束，时间少者为胜。

【竞赛规则】

队伍从哪儿断开必须从哪儿接好，不得提前跳。

22. 协同作战

【参赛人数】

8 ~ 16 人，两人一组。

【比赛道具】

排球若干个。

【竞赛方法】

参赛者背对背，互相挽住对方的手臂，中间夹一排球，站在起跑线后。比赛开始，二人迅速侧身向前跑，绕过标志物跑回将球交给后面的队员，依次进行，以先跑完的队为胜。

【竞赛规则】

（1）不得松开手臂。

（2）球若掉下必须拾起重新开始。

23. 跳绳接力

【参赛人数】

10 人以上。

【比赛道具】

跳绳。

【竞赛方法】

参赛队员成一路纵队站在起跑线后。比赛开始，第一人手持跳绳

向前跳出，绕过标志物跑回，将跳绳交给第二人，依次进行，以先跑完的队为胜。

【竞赛规则】

（1）只能跳绳跑，不得持绳跑。

（2）必须绕过标志物。

24. 跳袋接力

【参赛人数】

10 人以上。

【比赛道具】

跳袋。

【竞赛方法】

参赛队员成一路纵队站在起跳线后。比赛开始，第一人站在跳袋内，手提跳袋的带子向前跳出，绕过标志物返回并将跳袋交给第二人，依次进行，以先跳完的队为胜。

【竞赛规则】

（1）必须绕过标志物。

（2）必须在起跑线后交接。

（3）队员若摔倒必须在原地起来，重新再跳。

25. 车轮滚滚

【参赛人数】

男女各 5 人。

【比赛道具】

轮胎。

【竞赛方法】

队员成一路纵队站在起跑线后，线前 20 米放一标志物。比赛开始，排头手推轮胎跑出，绕标志物返回，将轮胎交给第二人，自己站到排尾依次进行。

【竞赛规则】
以先完成的队为胜。

26. 推铁环

【参赛人数】
男女各 5 人。

【比赛道具】
铁环。

【竞赛方法】
队员成一路纵队站在起跑线后，线前 20 米放一标志物。比赛开始，队员手推铁环绕过标志物返回，以接力形式进行，以最后一人和铁环到达终点的先后判定名次。

【竞赛规则】
先到者为胜。

27. 云梯接力

【参赛人数】
男女各 5 人。

【比赛道具】
云梯。

【竞赛方法】
参赛队员成一路纵队站在云梯一端，比赛开始，第一人双手握云梯交替行进至云梯另一端，然后第二人用同样方法进行，如此依次进行，以完成先后判定名次。

【竞赛规则】
比赛过程中以云梯跌落者判输。

28. 多足虫竞走

【参赛人数】
男女各 8 人。

【比赛道具】

平坦场地。

【竞赛方法】

参赛队员成一路纵队蹲下，后面队员将双手放在前面队员的肩上。比赛开始，全队协同一致交替迈步向前，以排尾通过终点线为比赛结束。

【竞赛规则】

用时少的队为胜。

29. 网球托球跑接力

【参赛人数】

男女各5人。

【比赛道具】

网球拍、网球。

【竞赛方法】

队员成一路纵队站在起跑线后，第一人持网球拍托球准备。比赛开始，托球跑出，绕标志物返回后，交给第二人，依次进行。

【竞赛规则】

以先完成的队为胜。

30. 火车赛跑

【参赛人数】

男女各8人。

【比赛道具】

平坦场地。

【竞赛方法】

参赛队员成一路纵队蹲下，后面队员将双于放在前面队员的肩上。比赛开始，全队同步双脚跳向前，以排尾通过终点线为比赛结束。

【竞赛规则】

用时少的队为胜。

31. 传球接力

【参赛人数】

男女各 *10* 人。

【比赛道具】

篮球。

【竞赛方法】

参赛队员成一路纵队，第一人手持排球准备。比赛开始，由第一人开始用头上胯下的方法向后传递，传至排尾，排尾抱球跑回。

【竞赛规则】

做完一轮先完成的队为胜。

32. 双人跳绳接力

【参赛人数】

男女各 *6* 人。

【比赛道具】

跳绳。

【竞赛方法】

每队两人一组并肩站立，共同手持一条绳准备。比赛开始，两人协同摇绳跑出，绕前方 *20* 米远处标志物返回，第二组出发，依次进行。

【竞赛规则】

以先完成的队为胜。

33. 青蛙跳接力

【参赛人数】

男女各 *8* 人。

【比赛道具】

标志物。

【竞赛方法】

两人一组侧对前进方向，背对背全蹲，两人手臂相挽准备。发令后，两人协同向前跳出，以迎面接力的方式进行，用时最少的队为胜。

【竞赛规则】

跳进中手臂不得分开。

34. 木偶赛跑

【参赛人数】

10 人以上。

【比赛道具】

4 条 1.2 米长杆（带固定布条）。

【竞赛方法】

比赛采用迎面接力形式，每队分两组，相距 20 米，两人一对，两人前后站立，用器械将两人同侧手臂和脚连接。听到发令后，两人配合向对面同组方向进发，和对面一对同伴击掌后，同伴向起点方向的同组方进发，如此往复进行。

【竞赛规则】

哪队用时少为胜。

35. 搭桥过河

【参赛人数】

24 人。

【比赛道具】

木牌。

【竞赛方法】

30 米距离，两端各站 12 人，每端分成 6 组，每组 2 人，一人走，另一人拿三块木牌，轮流向前放置，要求走的人必须站在木牌上，站

在地上的每次加 5 秒，一方有一块木牌过线后，另一方才可以进行接力。

【竞赛规则】

以完成用时最少的队伍为胜。

36. 运球接力

【参赛人数】

10 人。

【比赛道具】

篮球。

【竞赛方法】

参赛队员分甲乙两组分别站在起终点线后成一路纵队，比赛开始甲组第一名队员运球至乙组将球交给乙组第一名队员，乙组第一名队员接球后迅速向甲组运球并将球交给甲组第二名队员，依次进行，以先完成的队为胜。

【竞赛规则】

（1）不得抱球跑。

（2）不得扔球。

37. 二人三足跑

【参赛人数】

10 ~ 20 人，分成若干组。

【比赛道具】

绳带。

【竞赛方法】

参赛者并排站在起跑线后，用绳子将二人的内侧腿捆好。比赛开始，二人向前跑出，以先到达终点者为胜。

【竞赛规则】

必须向前走跑，不得跳跃。

38. 划船比赛

【参赛人数】

2 人。

【比赛道具】

平坦场地。

【竞赛方法】

两人对面互相坐在对方伸出的脚面上，并抓住对方的手臂，形成小船状，排在起点线外。比赛开始，各个"小船"在前后摆动时，交换移动两人的双脚，使"小船"向前行进，以先到达终点的队为胜。

【竞赛规则】

（1）小船从何处散开，必须重新组好再开始。

（2）组成"小船"的两个人的臀部不得离开对方的双脚脚面。

39. 骑车竞赛

【参赛人数】

男女各 6 人。

【比赛道具】

平坦场地。

【竞赛方法】

参赛队员三人为一组，前面两人并肩站立，外侧手叉腰，内侧手相牵，后面一人将双手分别放在前面队员肩上，一腿抬起放在前面队员手上，三人呈车状。比赛开始，三人协同跑出，绕标志返回，以接力形式进行。

【竞赛规则】

完成好且用时少的队为胜。

第五章

险中求胜的障碍自救

1. 在圆圈里踢球

【参赛人数】

8~16人。

【比赛道具】

准备足球或篮球1只。

【竞赛方法】

带头人站在圆圈中央，其余的人在他四周围成一个圆圈，每个人之间的距离等于两双伸直的手臂的长度。带头人尽量把足球或篮球踢出圆圈，但不可踢得太猛。站圆周上的人用脚挡住球，然后把球传给带头人。

【竞赛规则】

竞赛者只能用脚和身体挡球，不可用手。带头人踢的球不得高于膝部。如果球从谁的右侧滚出圆圈，谁就和带头人换位置。

2. 接球姿势造型

【参赛人数】

10~20人。

【比赛道具】

准备排球1只。

【竞赛方法】

参赛者站成一个圆圈，每个人之间的距离要大一些。然后，参赛者把一个排球顺着次序掷给自己右侧的人，右侧的人接了球再掷给他右侧的人，以此类推。从未失过球的人就是优胜者。最后，由优胜者向上抛十次球，等他接到第十次抛起的球以后，那些待着不动的人才可以自由行动。

【竞赛规则】

谁没有接住球，谁就保持接球时的姿势不动。

3. 向墙上拍球

【参赛人数】

10～32 人。

【比赛道具】

准备排球若干只，每队一只。

【竞赛方法】

在围墙 *2* 米及 *5* 米处各画一条界线。把参加竞赛的人分成 *2～4* 队，每队 *5～8* 人，分别站在距围墙一定距离的线后面，排成一路纵队。裁判员下令后，两队第一人各自用双手把一个排球向墙上界线内拍去，并立即跑回本队排尾站好。这时，第二人立即跑到界线边，把从墙上弹下的排球再次向墙上拍去，并且也立即跑到排尾站好……以此类推。

【竞赛规则】

（*1*）拍球时两手要从胸前推出，球不许停在手里，要一触到手就拍出。

（*2*）每人拍球次数，按照规定 *3～5* 次都可以。

（*3*）哪一队先拍好球，而且球一次也没有落地，该队就获得优胜。

4. 躲避击球

【参赛人数】

10～20 人。

【比赛道具】

篮球若干只。

【竞赛方法】

在竞赛场上划两条平行线。参赛队员分成两队，一队站在两线外，一队站在两线之间。发令后，线外一队的队员用球投击线内的队员，被击中者退出场外。线内的竞赛者不得超越自己的区域。当在击入区域内只剩下 2 人时为一局。然后两队相互交换再进行比赛。

【竞赛规则】

投击者只能击被击者髋关节以下的部位。

5. 投击"堡垒区"

【参赛人数】

10~20 人。

【比赛道具】

篮球若干只。

【竞赛方法】

在场地上画两个大小不同的同心圆，直径分别为 9 米和 1 米，用标杆分别在小圆内架起两个堡垒。把竞赛者分成人数相等的两队。每队选出 2 人站在大、小圆圈之间做防守者，其余人围在大圆外做进攻者。

发出口令后，站在大圆外的进攻者用球向堡垒区投击。防守队员设法守住或阻挡进攻者投的球，不让球打着堡垒区。当防守者接住进攻者投来的球时，可传给进攻者继续投击。以击倒标杆次数多少来累计分数。在规定时间内，以得分多的队为胜。

【竞赛规则】

(1) 投击者不得踏进大圆内，防守者阻挡球时不得进小圈或出大圈。

(2) 若在所规定的时间内未能决定胜负，则守队重新更换。

(3) 不能故意用球打人。

(4) 投击的方法可用单手肩上投击或双手头上投击。

6. "小鸟"受罚

【参赛人数】

人数不限。

【比赛道具】

根据竞赛者的多少，在场地上画一长方形区域，离边线约 5 米左

右画一个0.5米的小圆。竞赛者分散在已准备好的长方形场地内，选出2人做击手。

【竞赛方法】

用一个球互相传接投击场内的"小鸟"，如被击中一个"小鸟"，这"小鸟"就得在0.5米的小圆内站立受罚。当投击者击中另一"小鸟"时，此"鸟"与受罚区内的"小鸟"更换。更换出来的"小鸟"便可解除受罚归队。在规定时间内，受罚次数少的为胜。

【竞赛规则】

（1）投击者只能用传接球方式投击"小鸟"，不能抱着球硬逼"小鸟"投击。

（2）在投击时以投膝以下部位为准，违者击中无效。

7. 赶球接力

【参赛人数】

16～32人。

【比赛道具】

准备实心球4只、体操棒4根。

【竞赛方法】

把竞赛者分成人数相等的四队，分别站在起跑线后。距离可定在10米左右，终点设标记。发令后，各队排头用体操棒推动实心球向前滚动，绕过事先所设的标记后，握住实心球和木棒跑回原处交给第二个人……以完成先后决定名次。

【竞赛规则】

越线接棒接球，用脚踢球等，均为犯规。

8. 投球赛

【参赛人数】

16～32人。

【比赛道具】

纸篓一个,实心球若干只。

【竞赛方法】

画一条投掷线,把竞赛者分成人数相等的几个队,成纵队排列在投掷线后。在投掷线前5米左右放上一个纸篓,各排头手持小实心球。

各队的排头在投掷线后向篓内投实心球,并快速捡回球。第二人接过排头拾回的球继续投掷。排头站在自己的排尾排队……如此依次进行,在规定时间内,以投球进篓多的队为胜。

【竞赛规则】

(1) 投掷时要站立在投掷线后进行,过线、踩线均不算。

(2) 投进使篓翻倒的球仍算投中。

9. 车 轮

【参赛人数】

20～40人。

【比赛道具】

平坦场地。

【竞赛方法】

"带头人"在"车轮"外围绕行。他忽然在某一根车轮后面站住脚,在最后一人的肩上拍了一下。被拍的人立刻在前面一人的肩上也拍了一下。照这样办法,一直拍到站在最前面的人为止。

站在最前面的人一被拍以后,两臂迅速上举,在头顶上拍一次掌,说:"跑!"全队的人就绕车轮跑一圈,带头人也跟他们一起跑。每人要争取先回到原位。最先归队的一人做排首,其余的人依次排在他后面。跑得最慢的人就做新的带头人,但他不能拍刚才已跑过的那一队。

【竞赛规则】

(1) 站排首的一人发了信号,全队的人才可以起跑。

(2) 不可穿越车轮,也不可穿越其他队伍。

(3) 在跑的时候,不可拉各队的排尾,也不可拉正在跑的人。

（4）大家都要跑到前面一人的后面站住。

10. 击中活动者

【参赛人数】

人数不限。

【比赛道具】

准备球若干个。

【竞赛方法】

根据竞赛者的人数多少，画若干个圆圈。把竞赛者分成人数相等的若干队，各队分别围圈面向圆心站好，并 *1~3* 报数。各队的 *2* 数队员先站在圆内做活动者。

裁判发令后，圈上的竞赛者用脚来传递球或踢射"活动者"。被球击中者站到圈外。在规定时间到后换 *1* 数或 *3* 数的竞赛者做"活动者"。也可把全部活动者击中之后再换人。

【竞赛规则】

（1）必须用脚踢球。

（2）踢球时不得过线。

（3）球只能击腿部以下的部位，否则无效。

（4）被击中者应主动退出圆圈。

11. 喊号码绕圆圈

【参赛人数】

10~20 人。

【比赛道具】

平坦场地。

【竞赛方法】

将竞赛者分成两队，规定每一队的跑向，或顺时针或逆时针，号数相同但所属队却不同的两人结为一对，并肩站在一起。各对站成一个大圆圈，之间的距离为 *1.5* 米~*2* 米。裁判员则依次给各对指定

号数。

裁判员高声喊一个号码，该号的两个人分别向相反的方向绕圆圈跑，最先回到原位者，给本队争得一分。哪队得分最高哪队赢。

【竞赛规则】

（1）裁判员喊号码不可依次序，允许重复，以保持紧张气氛。

（2）比赛时，只能在圆圈外面跑，不得穿越圆圈俩人相遇时，要遵守从右侧穿过的原则。

12. 障碍接力赛

【参赛人数】

20～40人。

【比赛道具】

实心球、跨栏架、小木柱等。

【竞赛方法】

采用长10～15米的跑道做赛场，跑道上相隔一定距离放置实心球、跨栏架、小木柱等障碍。把竞赛者分成人数相等的若干队，排成纵队站在起跑线后。

发出口令后，各排首向前跑，并跑过实心球，钻过跨栏架，绕过小木柱再跑回本队拍第二名队员的手，自己站到排尾。

【竞赛规则】

如碰倒障碍物，须放好后继续跑，以跑完先后决定名次。

13. 竹竿兜圈

【参赛人数】

10～20人。

【比赛道具】

画一个大圆圈。竞赛者排成圆形站立，彼此间隔一步，并选一名队员站在圆心，手拿一根3米左右的竹竿。

【竞赛方法】

拿竹竿者抡转竹竿，使竹竿的另一端从站在圆线上的竞赛者脚下通过。当竹竿通过竞赛者的脚下时，竞赛者们都得跳起，不让竹竿碰到自己的脚。凡被竹竿碰到即算失败，退出圈外。在规定的时间内未被碰到者为胜。

【竞赛规则】

（1）抡转竹竿的速度要均匀，不能忽快忽慢。

（2）圈外竞赛者只能在原地跳起，不能向左右或前后移动位置。

（3）抡转竹竿只可以从地上扫过，不能故意用竹竿去打竞赛者的脚和腿。

14. 声东击西

【参赛人数】

10～20人。

【比赛道具】

平整场地一块。

【竞赛方法】

竞赛者成一列或几列横队站立，听组织者口令行动。如果组织者下达口令"向左转"，竞赛者需立即向右转；如组织者下达口令"向右转"，竞赛者应立即向左转；组织者下达口令"向后转"，竞赛者不动。出现错误者即为失败。

【竞赛规则】

下达口令后，动作与口令相反。

15. 太阳月亮

【参赛人数】

10～20人。

【比赛道具】

画三条间距10米的平行线，中间一条为中线，两边两条为

限制线。

【竞赛方法】

将竞赛者分成人数相等的两队，面对面站在中线的两边，一队起名叫"太阳"，另一队起名叫"月亮"，各队记住自己的队名。当组织者发出"太阳"的口令时，"太阳"队队员马上转身往本方限制线方向跑，"月亮"队立刻追击，如在限制线内追上一人得 *1* 分。做若干次后，竞赛结束，以累积分多的队为胜。

【竞赛规则】

追赶时不得追出限制线；不得用力推拉对方。

16. 小西瓜大西瓜

【参赛人数】

10~20 人。

【比赛道具】

空场地一块。

【竞赛方法】

竞赛者手拉手围成一个圆圈，竞赛开始，组织者指定一个人为排头接过时针方向做竞赛，排头说"小西瓜"同时用手势做出小西瓜的样子。第二人接着说"大西瓜"同时用手势做出大西瓜的样子，如此交替进行。如某人发生错误，罚其为大家表演一个节目或做 *5* 个纵跳，然后从发生错误的人开始继续竞赛。

【竞赛规则】

必须说出小西瓜（大西瓜）的同时用手势做出小西瓜（大西瓜）的样子；前后两人停顿时间不能过长，否则判为失败。

17. 传球自救

【参赛人数】

18~36 人。

【比赛道具】

篮球若干。

【竞赛方法】

6~8人一组，每组手拉手面向里围成一个圆圈，并选一人站在圈外。竞赛开始，圆圈上人互做传球练习。圈外人则随球移动，看准时机，在某一人接到球但还未传出之前，用手击他的肩膀，击到后两人交换位置，竞赛继续进行。圈上人应尽量快速地将球传出，使球在手中停留的时间极短，以防被圈外人击到。

【竞赛规则】

传球失误，接球脱手落地均为犯规，应与圈外人交换；圈外人必须击到球在手中者才能算有效，在球已出手或尚未接到球时击拍无效。

18. 跳绳传球接力

【参赛人数】

20~40人。

【比赛道具】

长跳绳4根，篮球4只。在场上间隔适当的距离画4条长2米的直线为传球线，线前3~5米处各放一根跳绳。

【竞赛方法】

将竞赛者分为人数相等的四组，每组选一名传球者持球站在传球线后；选两名摇绳队员各持绳一端摇绳，其他队员准备跳绳。听到组织者发出开始的信号后，跳绳队员中的第一人进绳跳绳，在跳绳中接传球者传来的球并将球回传后随即离开跳绳。当第一人离开跳绳时，第二人进入跳绳以同样方式进行，以最后一人离绳的先后判定名次。

【竞赛规则】

传球时，跳绳不能失误。若失误则须重跳、重传直至顺利完成。跳绳上不能同时存在两人，若同时出现两人则后进绳者须退出重做。

19. 贴人竞赛

【参赛人数】

10～18人。

【比赛道具】

平整空场地一块。

【竞赛方法】

竞赛者围成一个圈，逆时针方向慢跑。当听组织者喊出"3个人一组"或"2个女生3个男生一组"时，竞赛者立即按口令抱成一团，不合要求的均为失败。

【竞赛规则】

听到组织者喊出口令时，立即按口令要求抱成一团。

20. 呼号传球

【参赛人数】

6～10人。

【比赛道具】

画一直径为5～8米的圆圈，排球1只。

【竞赛方法】

站在圆圈上，按顺序报数，记住自己的号码，另两人在圆圈内。竞赛开始，圆圈内两人相互传球，对传数次后，其中一个传球者突然叫一个号，并将球传起，这时与其对传者迅速离开，被叫到号者立即进圈在落地前将球传起，原该位置传球者代替被叫号者站到圈上，并顶替原位的号码，如此反复进行。

【竞赛规则】

叫号应在该次传球同时，不能传起球再叫号；叫号后传球高度不能低于3米；叫到号而没传起球者罚做俯卧撑5次。

21. 跑垒击球

【参赛人数】

20～40人。

【比赛道具】

画一个边长为10米的正方形，在其中心画一个半径1米的圆，圆心放1只篮球。然后，再以各角顶为圆心，以50厘米为半径画圆，为各队营垒，中间各放1只足球，各角顶处画一条预备线。

【竞赛方法】

将竞赛者分成人数相等的四队，分别成横队站于预备线后。竞赛开始，第一人进入本垒站好。发令后，按逆时针方向沿正方形边线带球向前，经过三个垒，返回本垒，瞄准中心圆的篮球将球踢出，把篮球射出圈者得1分。同法依次轮完，以得分多的队为胜。

【竞赛规则】

带球必须沿正方形的边外前进，不得进入场内；带球前进必须经过四垒；运球时回到本垒后，方能起脚射球。

22. "火车头"赛跑

【参赛人数】

20～40人。

【比赛道具】

在平整场地上画两条相距20米的平行线，分别作为起点、终点线。

【竞赛方法】

将竞赛者分成人数相等的若干组，成纵队站在起点线后，每一个人手扶前面人的腰部形成火车头。竞赛开始，组织者吹一声哨各队前进，连续两声哨则各队停止前进。以先到达终点的队为胜。

【竞赛规则】

各队必须按规定信号行动，"火车头"不能跑散，竞赛者要互相监督。

23. 方形抢断

【参赛人数】

12 ~ 24 人。

【比赛道具】

在空场地上画边长为 6 米左右的正方形若干，足球若干个。

【竞赛方法】

6 人一组，分成若干组。每组由 4 人分别站在正方形的顶角处，其余 2 人站在正方形内。竞赛开始，站在正方形顶角上的 4 人，用脚控制球，以踢、停、顶球相互进行传递，方形内的人积极抢断、拦截球，抢获者则与传球失误者交换位置，竞赛继续进行。

【竞赛规则】

顶角上的人可以踢、停或头顶球；防守人只要触到球，就算传球人的失误；任何人不得以手触球，不得推、拉、绊、撞人。

24. 丢排球

【参赛人数】

6 ~ 18 人。

【比赛道具】

排球 1 只，场地上画一个半径为 5 米的圆圈。

【竞赛方法】

竞赛者面向内坐在圆圈上，选 1 人出来当"丢球人"。竞赛开始，"丢球人"在圈外沿逆时针方向奔跑，可将球任意丢在圈内竞赛者背后，然后继续跑，当跑到此人位置，用手轻拍一下其背部，被拍者为负。两人互换位置，被拍者捡起球后竞赛继续进行。如被拍者发现了背后有球，应立即起身捡起球追赶"丢球人"，若中途追上"丢球人"，两人不互换位置。若跑一圈仍未追上，位置互换，竞赛继续进行。

【竞赛规则】

邻人不许暗示，否则罚暗示人当"丢球人"。

25. 击蛇尾

【参赛人数】

12~36 人。

【比赛道具】

排球 1 只，在场地上画一个直径为 10 米的圆圈。

【竞赛方法】

将竞赛者分成人数相等的三个队。一、二两队竞赛者均匀站在圆圈外，由一个竞赛者持球准备击"蛇尾"。第三队成纵队，后面的人扶前面人的腰站在圆圈内。竞赛开始，组织者发令后，圈外人相互传递球，捕捉时机，掷击"蛇尾"。蛇头可以用手来挡球，"蛇尾"迅速奔跑躲闪，以避开来球。如"蛇尾"被击中，则担任"蛇头"，圈外的人再打新的"蛇尾"。竞赛如此依次进行，直到全队均担任过"蛇尾"并被击中为止；然后，与第一或第二队互换角色，竞赛继续进行。

【竞赛规则】

掷击者必须在圈外，不得踏线；只准掷击"蛇尾"腰部以下部位。

26. 截住空中球

【参赛人数】

8~16 人，分成两队。

【比赛道具】

空场地一块。

【竞赛方法】

在场地上画一个 5~6 米圆圈。把 8 名竞赛者分成一组选派两人到

圈内做抢球人，其余人在圈外做传球人，可以从空中传到对面，也可以小范围传递，抢球人将传出的球断掉或将球打落在地，由失误者做抢球人。

【竞赛规则】

传球人不得进圈，抢球人不得出圈。抢球人可以从传球人手中抢，但不得发生身体接触，抢球时不得用头顶球、脚踢球。传球人不得离圈 1 米以外传球、接球，传球时球落地为失误，失误者与抢球人互换位置。

27. 住 店

【参赛人数】

10~20 人。

【比赛道具】

在地上画直径两米的三个圆圈作为"客店"。

【竞赛方法】

竞赛前组织者宣布每个"客店"应住的人数。竞赛开始后，竞赛者成一路纵队绕场地行进，按组织者口令做各种走跑练习或行进间徒手操，当听到组织者高呼"住店了"，竞赛者马上离开原位，按规定住店人数进"客店"，凡无处可去的旅客罚表演节目。当听到"出发了"的口令时，应马上离开"客店"，回到住店前的位子上去。

【竞赛规则】

进住客店时，后来者不得推、挤先到者。如果人数超额，后进入的一名退出。

28. 你追我赶

【参赛人数】

26~72 人。

【比赛道具】

皮球若干。

【竞赛方法】

8～12人一组，分成若干组，每组围成一个大圆圈，面对圆心，左右间隔1.5～2米，另选一人持球站在圆心。接到球者则迅速把球带回圆心放好，然后设法追赶和抓到传球者。传球者则利用巧妙的躲闪技术，在防止被抓到的同时，伺机回到圆心再次抱到球，即为取胜，并继续作为传球者开始下一次竞赛。如果传球人被接球者抓到，则两人互换位置再进行竞赛。

【竞赛规则】

传球人躲闪时不得跑离圆圈太远；追者不能只守在球旁，要积极追赶。

29. 丢沙包

【参赛人数】

6～18人。

【比赛道具】

画一大圆，沙包两个。

【竞赛方法】

将竞赛者分为人数相等的两组，一组站于圆上，另一组在圆内任意跑动。圆上为进攻者，圆内为防守者。进攻者持两个沙包，听到信号后，同时向圆内防守者投去，防守者机智地躲闪，被沙包击中者退出大圆，继续进行，每次3～4分钟，听信号结束，由组织者清点剩余人数，然后两组交换进行，看哪组击中的人数多，多者为胜。

【竞赛规则】

沙包必须击中有效部位，有效部位为腰部以下。防守者不准接沙包，进攻者不准进入圈内，防守者不准出圈。

30. 背珍珠

【参赛人数】

4～20人。

【比赛道具】

用一个排球或者皮球当做"珍珠"。

【竞赛方法】

每队两人，用两人的背夹住"珍珠"，横着走 19 米。"珍珠"不许落地，快者胜。

【竞赛规则】

若"珍珠"落地，原地重新夹住，继续前进。

31. 顶报纸

【参赛人数】

6～12 人，分成两队。

【比赛道具】

废报纸。

【竞赛方法】

每个小队先出一名队员，头顶上顶着一张大小相同的报纸，目标在前方 15 米处。比谁跑得快，而报纸不许落地。如果报纸落地，要原地拾起再顶上，然后再跑。"顶报纸"设计了一个不可克服的困难，竞赛者快又快不得，慢又慢不得，此种矛盾心理使竞赛者的动作也处于矛盾的状态中。无论自己还是观众都觉得好笑。

【竞赛规则】

手不许扶报纸。

32. 抓手指

【参赛人数】

6～12 人。

【比赛道具】

空场地一块。

【竞赛方法】

竞赛者围成一个圈，面向圆心站好，1～2 报数，每人记住自己的

数，数 *1* 的为一队，数 *2* 的为一队。然后竞赛者均把右手张开伸向右侧的人，掌心朝上，左手食指垂直放在左侧人的伸开的右手心上。组织者发出"原地踏步走"口令，全体踏步，组织者用"*121*"调整步伐。当发出"*123*"的口令时，竞赛人的右手应设法抓住右侧人的食指，自己左手食指设法逃掉。抓住右侧人食指一次"得 *1* 分"，被别人抓住食指"一次减一分"，每人记住自己的得分情况，竞赛进行 *5* 次以后，算出各队得分，得分多的队为胜队。

【竞赛规则】

未发口令时抓住无效；不准抢先抽回食指。

33. 手摔跤

【参赛人数】

6 ~ 10 人。

【比赛道具】

选择草地、松软的沙地或垫子作为竞赛场地。

【竞赛方法】

竞赛者把双腿套进麻袋，袋口用绳子系紧于腰间。主持人发令后，双方只能用上肢用力把对方摔倒，既要保持身体平衡，又要去摔倒对方，其姿态好笑，妙趣横生。

【竞赛规则】

口袋脱落者无效。

34. 蚕爬行

【参赛人数】

9 ~ 36 人。

【比赛道具】

旧报纸若干张。

【竞赛方法】

将参加队员等分成数队，每队人数可控制在 *3 ~ 12* 人，在起点线

后排成数行纵队，每人一张旧报纸，把中央挖个洞，小心地套过头颈放在肩上，再用双手托捏住身前报纸以及前面队员身后报纸两角，组成几条"蚕宝宝"。主持人发令后，齐心合力蹲着走前进，左右脚要齐步，中途未撕破报纸面先到终点的队为优胜。

【竞赛规则】

不可撕破报纸。

35. 对鼻子

【参赛人数】

6～12 人。

【比赛道具】

废报纸。

【竞赛方法】

用废报纸卷紧粘住制成 *60* 厘米长，直径为 *2* 厘米的纸棒，每两人为一队，各用鼻子顶住棒的两端。发令后纸棒从起点出发，用侧滑步的方法跑到终点，先完成的一队为优胜。如果途中不慎滑落纸棒，必须后退 *3* 步重做。

【竞赛规则】

不准用手扶。

36. 头上传球比赛

【参赛人数】

10～20 人。

【比赛道具】

大皮球 *2* 人。

【竞赛方法】

竞赛者分成两队，面对面而排。两队相隔 *3～5* 米。队长站在本队的右端，双手捧一个大皮球，把它举在头顶上空。待裁判员一声令下，他们就立即把球传给旁边的人，一直传到最后一人为止。最后人接了

球,从自己队伍后面跑到另一头,站在队伍旁边,把球传给队长,队长再传给旁边的人,一直逐个地传到最后一个。他接了球,也像刚才那个队员一样跑到排首再传球。这个竞赛一直做到队长在排尾接了球跑到排首把球举起时为止。

【竞赛规则】

双手送球,双手接球,两人亲手交接,球不能有腾空状态。

37. 对传球比赛

【参赛人数】

10~20人。

【比赛道具】

篮球两个。

【竞赛方法】

竞赛者分为两队,各队再分为人数相等的两小队。每队的两个小队各排成一路纵队,相隔5~7米面对面站立。两队队长各拿一个球,站在一个小队前面做排首,一听见裁判员的口令,就马上把球抛给站在对面的本队中一小队的排首,并且跑到这个小队的排尾站好。

对面的一人接了球,急忙把球再抛回来,抛给本队第二小队的排首,自己也就到对面小队后面站好。

照这个办法,球抛来抛去,一直抛到球又回到队长的手里时为止。哪一队队长先接到球,哪一队就获胜。

【竞赛规则】

球落地者须重新开始。

38. 拦截球

【参赛人数】

10~20人。

【比赛道具】

足球或篮球。

【竞赛方法】

带头的人在圆圈中央，其余的人在他四周围成一个圆圈，各人之间的距离等于两双伸直的手臂的长度。

带头人尽量把一个足球或篮球踢出圆圈，但不可踢得太猛。站在圆周上的人用脚挡住球，然后把球传给带头人。

【竞赛规则】

竞赛者只能用脚和身体挡球，不可用手。带头人踢出的球不得高于膝盖。如果球在谁的右侧滚出圆圈，谁就和带头人换位置。

39. 归队球

【参赛人数】

16 人以上，男女混合，分成 2 组。

【比赛道具】

乒乓球、球拍、筐子等。

【竞赛方法】

乒乓球放在乒乓球拍的中间，不得用手固定，每个人每次只能托一个球，从起点到终点（10 米）球不掉在地上，放入指定位置算有效球，另外一人再从筐中捡起球进行接力。

【竞赛规则】

如果球在托送途中掉到地上，选手必须回到起点重来，以 8 位选手全部运送完球，所用的时间最少的算胜利。

40. 转身追逐

【参赛人数】

10 ~ 20 人。

【比赛道具】

平坦场地。

【竞赛方法】

把竞赛者分成人数相等的甲、乙两队，背对背站在各距中线一步

远的地方。

事先明确信号甲队为一次哨声，乙队两次哨声，当发令者发出信号（如吹一次哨声）时，甲队迅速向前面的 A 线跑去，乙队立即转身追拍。未发信号之前，双方均不能有跑的动作。在甲队队员没有跑过 A 线之前被乙队追拍到，算乙队得 1 分，未拍到则算甲队得 1 分。反之，乙队跑向 B 线时，甲队转身追拍。在限定次数的情况下，以积分多的队为胜。

【竞赛规则】

被追者"通过"A 线或 B 线后，再被追拍到则无效。

41. 突 围

【参赛人数】

10 人以上。

【比赛道具】

平坦场地。

【竞赛方法】

根据竞赛者多少，把竞赛者分成人数相等的甲、乙两队。先由甲队手拉手围成一个圆圈作为守队，乙队分散在圆圈内作为攻队。这个竞赛主要启发竞赛者的互助、友爱精神，突围方法。

发令员发令后，攻队设法从守队拉起的手下钻出圆圈，守队尽量阻挡攻队队员的突围，围圈者只能手拉手拦住对方，不得松手。在规定的时间内，计算突围出去的人数，然后双方交换攻守。两队各做一次攻守之后，以突围出去人数多的队为胜。

【竞赛规则】

不要硬冲、硬撞。

42. 拍和拉

【参赛人数】

12 ~ 14 人。

【比赛道具】

在平坦的空地上，画3个同心圆。小圆直径是2米，中圆直径是4米，大圆直径是6米。

【竞赛方法】

参加竞赛的人分成人数相等的两队，每队6~7人。抽签决定一队做拍的人，一队做拉的人，拍的人站在小圆中圆之间，拉的人站在大圆的外面。

竞赛信号发出以后，拍的人竭力去拍"拉的人"的腿部；而同时，拉的人要尽力去握住"拍的人"的手，把他拖到大圆外面。

要是拍的人被拖出去，他得站在外面，不参加竞赛，等待自己人来救他；如果拉的人的腿部被拍到了，他就站到小圆里去，也要等待自己人来救他。

如果拍的人能把"敌人"都拍到，也就是把"敌人"都关进小圆，拍的一队就获胜。相反，要是拉的人把"敌人"都拉出大圆，那么，胜利就属于拉的队。

【竞赛规则】

救人的人只要用手触到被救的人，就算把人救出。

第六章

锻炼思维的快乐之旅

1. 滚 球

【参赛人数】

16 人以上。

【比赛道具】

准备好排球或篮球 4 只。场上画一个圆圈（大小按人数而定），圆圈中心画一个方形。

【竞赛方法】

竞赛者分成人数相等的四队，面对圆心，按身体高矮排成单行纵队，每队队长各拿一个排球。全体队员将左脚向左横跨一步，第一人拿球准备好。听到裁判的哨子一响，排首迅速将球从自己胯下滚到排尾。排尾人接到球后，立刻以逆时针方向快跑。

【竞赛规则】

跑时必须沿着圆圈外面跑，不得进圈或穿过队伍。奔跑时如超过别人，一定要在他外侧绕着跑过地跑过其他队后，即从圈外跑向自己一组的排首，并很快地又把球从胯下滚去。如果球滚出队伍，须由排尾一人拿回重滚……依此类推。最后一人将球放在中间方格内。先跑完并将球先放好的一组获胜。

2. 穿梭传球比赛

【参赛人数】

10～20 人。

【比赛道具】

准备球两只。

【竞赛方法】

竞赛者分两队，各队再分为人数相等的两小队。每队的两小队各排成一路纵队，相隔 5～7 米面对面站立。两队队长各拿一个球，站在一个小队前面做排首。裁判员下令后，队长马上把球抛给站在对面的本队中一小队的排首，并且跑到这一小队的排尾站好。对面的一人接了球，急忙把球再抛回来，抛给本队第二小队的排首，自己也就到对面的小队后面站好……如此类推，直到球重新回到队长的手里时为止。

【竞赛规则】

哪一队队长先接到球，哪一队就获胜。

3. 向圆心传球

【参赛人数】

20～40 人。

【比赛道具】

篮球若干个。

【竞赛方法】

竞赛者分成若干小组，分别站成圆圈，每人相隔一臂的长度，在站成圆圈的人的脚尖前面地上画线。拿着球的队长分别走进每个圆圈中央所画的小圆圈内。

裁判员下令后，队长开始轮流掷球给本圈的人，并接回掷回来的球。若在圆圈上的人接不到球，则把球拾起抛回队长，队长重抛一次。接到最后一个掷回的球后，队长立即举起手来。

最先举手的一队得胜。

【竞赛规则】

掷球时，队长不能越出自己的圆圈，而站在各个圆圈上的竞赛者也不得越出自己的界线。

4. 交叉传球比赛

【参赛人数】

竞赛者 10 人以上，分成人数相等的甲、乙两队。

【比赛道具】

准备球 4 只。

【竞赛方法】

甲队与乙队的队员一个隔一个地站成一个大圆圈，面向圆心。两

对面对面的两人各拿一球。

按裁判员口令顺同一个方向传球，每队都传给本队的人。先把球传到开始人手里，又不使球落地的一队为胜。

【竞赛规则】

球落地的队判输。

5. 听得快，接得准

【参赛人数】

10～20人。

【比赛道具】

小皮球一个。

【竞赛方法】

在竞赛场上画一个圆圈。先选一个抛球人，站在圆圈中央，其余的人分散站在圆圈线上。

比赛开始，抛球人向正上方抛球，同时喊："跑!"在圈上的人立即向圈外跑开。这时，抛球人任意喊某人接球，被叫的人立即返回圆圈来接球，接住球后立即喊："停!"当跑的人站在原地不动时，接球人在圈里用球向任何人投击。被打中的人做下一次的抛球人。如果没有打中，由接球人继续做下一次的抛球人。

【竞赛规则】

喊"跑"必须跑，喊"停"必须停止跑；如果接球人没有接住球，必须从地上拾起球以后，才能喊"停"和投球；向上抛球，球落在圈内为好球，落在圈外为坏球，连扔两次坏球即换抛球人；如果接球人跑出圈外而投中人，则无效。

6. 提防抢球的人

【参赛人数】

10～20人。

【比赛道具】

准备篮球1只。

【竞赛方法】

竞赛者站成一个圆圈,圆圈当中有一个抢球人。站在圆周上的人用各种方法将篮球传来传去,尽量不使抢球人抢到;球在手中不得超出3秒钟,传球的方法不拘;传球人为了分散抢球人的注意力,也可以做各种假动作。站在圆周上的人和抢球人都可以抢飞出圈外的球。如果球被抢球人碰到,那么当时的持球人或掷球人就和抢球人互换位置。

【竞赛规则】

竞赛者必须循圆周向左或向右跑步或走步移动。

7. 飞 球

【参赛人数】

8~12人。

【比赛道具】

准备排球1只。

【竞赛方法】

竞赛者站成一个圆圈,当中站一个"带头"人。

"带头"人把排球向上抛给站在圆周上的任何人。这人用双手把球拍还给带头人,带头人再把球拍给圆周上的另一人……一直传到球落地时为止。

谁使球落地,谁做带头人。谁球传得不正确(传球的方式是从下向上抛,而不可以从上向下压,或者连拍两次球),谁就要和带头人换位置。如果有人让传得正确的球从自己右侧飞出圈外,他就要做带头人;如果有人能把飞到圆圈外面去的球,在它着地前又拍回圆圈里,那么带头人不变。

【竞赛规则】

裁判员给双方计算球的落地次数,哪一队球落地次数少,哪一队获胜;也可以计算各队的传球次数,哪一队在规定时间内传球的次数多,哪一队就是优胜队。

8. 四面围攻

【参赛人数】

8～12 人。

【比赛道具】

足球若干，小木柱 1 根。

【竞赛方法】

竞赛人围成一个直径 10 米的圆圈，每个人之间相隔两步。如果玩的人很多，也可以分成若干个圆圈站立。圆圈当中立一根小木柱或棍棒，选一人保卫棍棒，站在棍棒旁边。

"保卫"用双脚和身体阻挡射来的足球。站在圆周上的人则互相把球踢来踢去，尽量使球去碰击棍棒。

【竞赛规则】

踢球着棍棒的人得一分。累积分数最多的人就是优胜者。

9. 足球新玩

【参赛人数】

10～20 人，分成两队。

【比赛道具】

平坦场地一块，两根柱子，柱间绷一条绳做球门。

【竞赛方法】

参赛者分成两队。甲队站在出发线后面，乙队分散在出发线和终点线之间。准备足球 1 只。甲队的一个队员把球踢到场内后，就立刻向终点线跑去又跑回。乙队队员见球踢入场中后，急忙把球踢进球门，直接踢入或传球后踢入都可以。如果球在那个跑的人回到出发线以前就进了球门两次（一次由正面入，一次从反面入），乙队就得一分。相反，则甲队得一分。等甲队队员一个个都跑过以后，就和乙队互换角色，重做一遍。

【竞赛规则】

以得分最多的一队为胜。

10. 端线篮球

【参赛人数】

10～20人，分成两队。

【比赛道具】

准备手球1只。

【竞赛方法】

利用篮球场作赛场，在两条端线处各设一个禁区。竞赛者每队各派一人站立在对方禁区内作为接球员，其余的队员均分散在各自的半场内。

发令后，两队在中圈跳起夺球，以先夺到球的一方为进攻队。进攻队通过传、接和运球，争取把球传给对方禁区内的本队接球员。防守队则要组织好防守，并争取转守为攻。禁区内的接球员接到一个球，就算该队得1分。在规定时间内以得分多的队为胜。

【竞赛规则】

（1）手持球不能走两步以上或两次运球。

（2）球出界，由对方在出界地点发界外球。

（3）球不能直接传给接球员，不能推、拉、打和用脚绊对方。否则按情节轻重判罚界外球。

（4）如接球员出界接球或接后出界，得分均无效，同时由对方发界外球。

（5）一队得分后，由另一队在端线外发界外球继续比赛（发界外球时接球员不得拦截、干扰）。

（6）双方同时持球争执不下或同时击球出界，应在中圈重新跳起夺球。

11. 抢夺空中球

【参赛人数】

27人，分为3队。

【比赛道具】

准备篮球若干只。

【竞赛方法】

选用篮球场上的2个圆圈（中圈和罚球圈），并根据竞赛者的人数多少将参赛人数分为3队，每队选1~2人为抢球者，站在圈内，其余的人站在圈外。发令后，圈外的人互相传接篮球。圈内的人尽量抢夺空中球，获球后与传球失误的人交换位置。

【竞赛规则】

（1）抢球人不得出圈，传球人不可进圈。

（2）抢球人可以从传球人手中夺球，但不能触及对方身体。接球时，不能用头顶球或用脚踢球。

（3）传球人不得离圈1米以外传、接球。

（4）传球进球落地为失误。

12. 找队长

【参赛人数】

20~40人。

【比赛道具】

平坦场地。

【竞赛方法】

参赛者站成许多小圆圈，每个圆圈由4~5人组成，各组队长站在圈内，其余的人站在队长周围。一人作带头人，队长站在原位不动，其余的人跟着带头人鱼贯而行。他们一边走一边模仿带头人的动作。这时，这些队长互相改变了位置。带头人突然发了一个信号或喊了一声口令："各就各位！"大家立刻跑去找自己的队长，在队长周围手牵

手，形成一个圆圈。

【竞赛规则】

淘汰归队最迟的队。

13. 隐蔽换位

【参赛人数】

10 ~ 20 人。

【比赛道具】

可选篮球场或排球场作赛场，在赛场上画两条间隔 *3* 米左右的平行线，线的长度可根据竞赛者的人数多少来决定。

【竞赛方法】

将竞赛者分成人数相等的两组，分别在两条平行线上面对站立。推选一人做守卫人，站在两列横队的中间。

竞赛开始，一队的竞赛者选择时机与对面的竞赛者互换位置，要不被守卫人发现。而守卫人要设法监视所有企图想换位的竞赛者，一有发现立刻叫出竞赛者的名字。被叫者与守卫人互换位置和职责，竞赛重新开始。

【竞赛规则】

（1） 若有一方换过去，被守卫人叫出名字的算被发现。

（2） 守卫人发现换位，必须在其换位动作完成之前叫名字。

（3） 双方队员的双脚必须站在平行线后，不得超越。

14. 叫号赛跑

【参赛人数】

人数不限。

【比赛道具】

选一块篮球场或空地。

【竞赛方法】

根据参加竞赛者的人数多少安排进场，竞赛者排成圆形站好，按

顺时针 *1~4* 报数，要求每人记住自己的号数。

发令后，每个竞赛者按指定的方向慢跑。当发令者任意叫一个号数时，被叫到的号数相同的几个人立刻离队从队外沿圆圈向前疾跑，去互相追赶前面的同号人。在跑回原位之前手触及前面的同号者得 *1* 分。

【竞赛规则】

没有被叫到号的人，不得超越圆圈，也不能阻碍其他人。

15. 抢彩带

【参赛人数】

10~20 人。

【比赛道具】

在场外两端 *3~4* 步各画一条与端线平行的线，称为"城线"，在场中央再画一条横线。

【竞赛方法】

将竞赛者分作两队，一队在中央线上排成一列横队，队员间相隔两臂伸直的长度。第二队竞赛者的领后或在腰带后面拴一根彩带，带子的一端至少拖出 *6* 寸，站在第一组竞赛者背后的"城线"后面。

裁判员发出口令后，带有彩带的竞赛者无声无息地通过第一组竞赛者所组成的横队而向对面的"战线"跑去。第一组竞赛者在向后转身或不得离开原地的情况下，努力抓第二组跑过的人的彩带。当奔跑的组集合在"城线"后，第一组的人向后转又背对着第二组站立，重复奔跑。失去彩带的那些竞赛者也参加奔跑。这样的奔跑可进行若干次。然后计算抓到的彩带数目并交换竞赛者的位置。

【竞赛规则】

以抓到彩带最多的一组为胜。

16. 击背比赛

【参赛人数】

8~12 人。

【比赛道具】

任意选择一处场地。

【竞赛方法】

以两人为一组，面对面站立。

当听到口令后，各自都主动向对方进攻，争取用单手触及对方的背部。进攻和防守都可灵活移动脚步。在规定时间内，看两人触背的次数，以击背次数多者为胜。

【竞赛规则】

只能用手触背，不能抢臂拍打。

17. 惊弓之鸟

【参赛人数】

10~12 人。

【比赛道具】

平坦场地。

【竞赛方法】

在空场地上画一个大圆圈。竞赛者手拉手面向圈内站立，放开手，开始 1~2 报数，每人记住自己的数。竞赛开始时，全体竞赛者沿逆时针方向做并步移动，当组织者吹一声哨时，单数的人迅速跑进圈内，双数者要在单数者进圈前将其抓住。组织者若吹两声哨时，双数的人迅速跑进圈内，单数者在双数者进圈前设法将其抓住。被抓住者要蹲在圆心被停止一次竞赛；如判断错误而误跑、误抓时，也要被停止竞赛一次，然后其他人重新报数继续竞赛。

【竞赛规则】

抓人时，只准以手拍触，不得拉拽衣服；两脚完全进入圈内为进圈成功。

18. 弹网球

【参赛人数】

18 人，分成两队。

【比赛道具】

（1）场地。比赛在土地、沙地、草地或体育馆内进行。

（2）门网。选用弹性较大的网制成网门，网门长为 95~100 厘米正方形，倾斜角度在 60 度左右。

（3）比赛用球。周长为 55~60 厘米，重为 450 克，可根据队员情况适当改变。

【竞赛方法】

每支球队由 9 人组成，其中 1 人为队长，上场队员不得少于 4 人，3 人以下中止比赛。赛前由双方队长猜拳或抛硬币选择发球权。比赛开始时，可从任意一端线外发球，但第一次射门必须在球越过中线后，可以射任意一门。发出的球要在 3 次传递内完成射门（发球不算）。射门弹回的球只能由守方接触。如果守方在球落地（场内）前未接到球，由攻方得分。得分后，由对方在被射门所在端线后发球。接到球的队员也可以直接射门，但同一门网两队一共只能连续射 3 次。但是每节开始时回到 0 次。每节开始时的第一次发球权应相互交换，比赛共分为 3 节。每节 15 分钟，中间休息 5 分钟。

射门失败，在下列情况下，守方得 1 分：没有射中球门时弹回的球落到场地外；弹回的球落在禁区内。

比赛结束时得分多者获胜。

【竞赛规则】

（1）可以用双手、双拳、躯干抓、打、击、投。

（2）持球最多可以走 3 步。

（3）持球不能超过 3 秒。

（4）可以将球从一手移到另一手。

（5）运球或在空中连续击球违例。

（6）用脚踢球违例。

（7）故意用球击打对方队员违例。

（8）对方持球时，不能用任何方法抢球。

19. 手垒球

【参赛人数】

16~20人。

【比赛道具】

平坦场地和小球。

【竞赛方法】

在场地上画一边长为12米的正三角形，以三个顶点为圆心，以1米为直径画圆做堡垒，分别标上 A、B、C。A 为攻垒，B、C 为守垒。将队员分成两队，每队8人。用猜拳决定攻守队。攻队在 A 垒2米处站成横排，守队往三点各派1人，往 AB 侧、AC 侧各派1人，往 BC 侧派3人。

竞赛开始，攻队甲进入攻垒 A，手持小球。发令后，将球向上抛起，然后用手将球向正前方击出（不得落在三角形内），随后沿着 A—B—C—A 的方向快跑。跑动中，守队一队员拾球掷给本队任何一人，接球者持球去追赶并用球触及跑动者。跑动者如被触及到，则算失败，立即退出竞赛，由下一人继续进行。如未被触及到安全返回 A 垒，则为胜利得1分。攻队全部队员击球后，两队攻守互换继续进行。最后以得分多者为胜。

【竞赛规则】

攻队击出的球落在三角形内或落地前被守队接住，击球者退出竞赛；攻队队员跑进一个守垒后，守队队员不得再去触及；前一个人进行完后，下一个人才可以继续进行；竞赛进行时，守队队员不得进入三角形内；攻队队员被追赶时，不得离开三角形2米远以躲闪，应尽力向前跑；追者只能触及而不能投掷被追者，但视具体情况，亦可投掷其膝盖关节以下部位。

20. 冲过封锁线

【参赛人数】

10~20人。

【比赛道具】

选一个篮球场。

【竞赛方法】

以篮球场的中线为"战域",并选两人站在中线上作为"狙击手",余下的竞赛者分成人数相等的4～5队,成纵队排列。

当发令者发令后,各队按次序冲过"战域",狙击手则站在"战域"中狙击通过战域的队员,凡被拍着即算被击中,并站在竞赛场外。未被击中者站在终点线后,仍按原来的次序站队,冲过战域区人数多的队为胜。

【竞赛规则】

发令以后才能起跑,必须正面通过"战域"区;狙击者不得离开"战域"区(中线),只能沿线狙击;在狙击时只能拍人,不能推拉人;越过"战域"区时被击中或绕过战域区者均算失败。

21. 躲地滚球

【参赛人数】

10～20人。

【比赛道具】

足球若干。

【竞赛方法】

按人数分成两组,一组手拉手围成一个圆圈,面向圆心,两人间隔一臂左右,另一组在圈外捡球,圈内放球若干个,1～2人在圈内做滚球人。竞赛开始,滚球人取一球向圈上任何一人脚下抛滚,圈上人在球滚至脚前时,跳过球,捡球人将球送至圈内,重复进行。球触及圈上人的任何部位,即判该人失败,退出场外。3分钟后两组交换为止,最后以失败少的组为胜。

【竞赛规则】

滚球人必须在地上滚球,不得掷高球。躲球人只能跳起躲球,不得左右、前后跑动。

22. 冲出禁区

【参赛人数】

10 ~ 16 人。

【比赛道具】

球场一块，球若干。

【竞赛方法】

竞赛者按人数平均分为甲、乙两队。甲队分两组站在两边线上，每人手持一球，以整个球场为"禁区"。乙队站在球场端线外，当听到组织者发出"冲锋"信号后，以快速跑跳和躲闪动作冲过"禁区"，到对面端线以外。看有多少人被球击中，双方交换进行，以被击中少的队为胜。

【竞赛规则】

投掷人不得踏线，不得进区掷球，掷球只限击腰部以下部位。

23. 跳跃绳球

【参赛人数】

8 ~ 10 人。

【比赛道具】

将排球装在小网兜内系在一条长绳上。

【竞赛方法】

竞赛者站在单行圆圈，相互之间约一臂距离。组织者位于圆心，手持绳子一端，将球抡起平行于地面转动飞行。球离地约 20 ~ 30 厘米，速度快慢酌情掌握。当球经过时，圆圈上的人必须跳起让绳球通过。如被绳球缠住或被击中为失败。若干次后，由失败者表演一个节目。

【竞赛规则】

不得离开圆圈站立。

24. 抢球追人

【参赛人数】

6~8人。

【比赛道具】

空场地一块，排球若干。

【竞赛方法】

全体竞赛者面向外站成圆圈，每人用单手托一球，选一竞赛者沿圈外逆时针方向奔跑。奔跑者可随时趁持球人不备，从其手上抢球后继续奔跑，被抢人立即追赶。在到原位之前追上跑者得1分；未追上，跑者（抢球人）占据追者（失球人）空位，追者改为抢球人，再去抢别人手中之球。

【竞赛规则】

不论是跑者或追者，都必须沿逆时针方向奔跑，不得离开圆圈1米以外。

25. 穿越丛林

【参赛人数】

6~10人。

【比赛道具】

空地一块，画相距4米的两条平行线（为安全线）。

【竞赛方法】

将竞赛者排成一列横队，组成左右间隔1米的"树林"。先由两人出列，一人为进攻者，一人为防守者。组织者发令后，防守者设法不让进攻者穿过"树林"，进攻者力争在短时间内穿"树林"。两分钟后两人交换，看谁穿过"树林"次数多，多者为胜。

【竞赛规则】

在规定的两分钟内，进攻者必须穿过"树林"，否则为负；防守者只有在进攻者穿出"树林"与安全线之间的2米内拍着才有效；穿行过程中不得推拉"树"。

26. 踢球出圈

【参赛人数】

20～30人。

【比赛道具】

在场地上分别画两个半径为80厘米和4米的同心圆，足球1只。

【竞赛方法】

先选出一人站在小圈内，其他人面向圈内，手拉手站在大圈上。竞赛开始，站在小圈内的人控制球，并设法将球踢出大圈外。站在大圈上的人，则用脚或除手臂以外身体的各部位挡截球，并将球传给小圈内的人。如小圈内的人把球踢出大圈，则球从谁的右边出圈，谁就替换小圈内的人踢球，并继续进行竞赛。

【竞赛规则】

踢球时，球不得高于膝部，不得越出小圈踢球，否则踢出圈无效。抢截球时，不得用手触球，否则算出圈，要与小圈人交替。

27. 挖地雷

【参赛人数】

10～20人，分成两队。

【比赛道具】

篮球场地一块，篮球1只。手榴弹4颗，两颗为一组竖放在两个半场的罚球线上。

【竞赛方法】

将竞赛者分成人数相等的两个队，各成一列横队面面相对，并分别站在各自半场的罚球线后，各队选出一名"工兵"（竞赛时，只许工兵直接用球投击对方的手榴弹，即挖地雷）。竞赛开始，两队"工兵"在中圈跳起争球。各队可用传球或集体掩护本队"工兵"持球接近对方罚球线上的手榴弹，寻找机会击倒手榴弹。如有一方的两颗手榴弹先被对方"工兵"用球击倒，则算对方胜利。

【竞赛规则】

双方攻守中，不准身体接触，只许用手抢断球和阻截攻击本方"地雷"的来球。非指定"工兵"队员用球击倒手榴弹进球，则算无效，可将手榴弹重新竖起。

28. 三球不归一

【参赛人数】

16～32 人，分成两队。

【比赛道具】

排球场一块，排球 3 只。

【竞赛方法】

将竞赛者分成人数相等的两队，各在球场一边。其中一队持两球，另一队持一球。鸣笛开始后，双方把球从网上掷向对方场内。

【竞赛规则】

如某队场上同时有三球存在，判失 1 分。规定时间内失分少者为胜。

29. 巧入营门

【参赛人数】

10～20 人，分成两队。

【比赛道具】

在篮球场中线上用 4 只篮球间距 2 米摆放两个营门，作为双方共同的营门。

【竞赛方法】

将竞赛者分成人数相等的甲乙双方，各以半场为营地。竞赛开始，双方各选一人站在中线后本方营地内，甲方攻，乙方守。甲方设法利用虚晃、变向跑等假动作摆脱乙方的守卫，从营门中进入乙方营地，如果跑进对方营地为攻方得 1 分；如被对方拍击到，守方得 1 分，然后其他人再战。甲方每人做一次进攻后，换乙方进攻，双方均做一次攻守后，以得分多者为胜。

【竞赛规则】

攻方必须从营门中进入对方营地，守方队员不得越过营门去拍击攻方队员；攻方队员已明显跑入守方营地以后，守方队员就不能再追拍，判攻方得分。

30. 挑战应变赛

【参赛人数】

10～20人。

【比赛道具】

在场地上画两条相距20～25米的平行线为界线。在两条线中间画3个直径为2米的圆圈，中圈为收容圈，两边的圈为安全圈，彼此间隔2米。

【竞赛方法】

组织者可将竞赛者分成人数相等的甲、乙两队，各成一列横队，分别站在两条界线的后面。竞赛开始，甲队先选出一名挑战者，乙队全体队员向前伸出左手站在线后。甲队挑战者走到乙队前，任意拍一名乙队队员的手后，迅速跑向安全圈（可以任意向两个安全圈跑）。乙队被拍手的队员，立即追赶挑战者，如果在跑进安全圈之前拍击到挑战者，则挑战者要站到中间收容圈内，乙队追赶者归队继续竞赛；如果挑战者已到达安全圈内，乙队追赶者则应站到中间收容圈内，挑战者归队继续竞赛。待甲队全体挑战一次后，统计收容圈内甲、乙各队的人数，然后乙队进行挑战，照前面的方法做完后，统计各队被收容人数，以少的队为胜。

【竞赛规则】

对方来挑战时，被挑战者必须双手向前伸直，两脚并拢站在界线后。在挑战过程中，被收容的人不得出圈参加竞赛。

31. 穿越"独木桥"

【参赛人数】

8～16人。

【比赛道具】

画两条相距 18 米的平行线，一条为起跑线，一条为终点线。在起跑线和终点线之间，分别画两个垂直于起点线宽 40 厘米的平行线，即为两座"独木桥"。

【竞赛方法】

将竞赛者分成人数相等的两队，成纵队站在起跑线上。各队排头对准独木桥（一直线）站立。听到指挥发令后，排头迅速跑过"独木桥"，跑过终点线，返回击第二人手掌。第二人开始跑，按同样方法进行，依此类推。速度快而又没有掉下"桥"的竞赛者得 1 分，以累积分多的队为胜。

【竞赛规则】

后面的人击掌后再跑，但击掌前不能踩线；过"独木桥"时，掉下桥者扣 1 分。

32. 顺线追拍

【参赛人数】

16 人，分成两组。

【比赛道具】

在平整空场地上画一个 60 米的正方形场地，并将各边中点和顶点连接成一线。

【竞赛方法】

把竞赛者分成一组 8 人，4 人分别站在一角，其中 3 人为逃者，一人为追拍者。比赛口令发出后，追拍者可随意沿任何一线追拍其他三人，而逃者也可沿任何一线逃跑。但是，逃者和追者都不可从一线中途返回，要改变跑的方向时，必须在两线交接处才能进行。追者在一条线上拍击到逃者身体为胜。两人交换后，竞赛重新开始。3 分钟后，换后四人按上述方法进行竞赛。

【竞赛规则】

无比赛口令，判无效；追者不得用力推打逃者，更不可用脚绊踢对方，违者取消竞赛资格；逃者离开线，判被捉住。

33. 条条大路通罗马

【参赛人数】

8~10人。

【比赛道具】

在一操场上，设有直道和弯道的特殊跑道。弯道无障碍，要顺时针方向跑动；直道距离短，但设置多种障碍。直道和弯道使用同一起点和终点，终点处插一红旗。

【竞赛方法】

竞赛者自愿选择一条路，按路线不同，分成两队，进行比赛。直道有多种障碍，弯道是平坦大道。竞赛开始，组织者发令后，所有竞赛者从同一起点同时出发，沿个人选择的道路向终点方向前进。选择直道的竞赛者依次穿越每个障碍，选择弯道的沿顺时针方向跑动，以先到终点夺下红旗者为胜。

【竞赛规则】

不得偏离自己选择的路线，弯道顺时针跑动，直道要穿越每个障碍。

34. 跨栏比赛

【参赛人数】

10~20人。

【比赛道具】

10个栏架，小旗2面。画两条相距52米的平行线，一条为起点线，一条为终点线。起点线前12米处放第一个栏架，以后每隔8米放一个栏架，每排放5个栏架，并排放两排。终点线处插上小旗。

【竞赛方法】

将竞赛者分成人数相等的两队，面对栏架成纵队站在起跑线后。组织者发令后，各排头竞赛者迅速前跑，依次跨过5个栏架，到终点绕过小旗，从栏架的外侧快速跑回，拍第二人的手后站在自己队伍后面。第二人照此方法进行竞赛，依此类推。以先跑完的队为胜。

【竞赛规则】

必须从栏架上跨过，不准用手推倒栏架。如栏架倒下必须扶起以后再跑，拍手时准备跑的人不准踩起跑线。

35. 双人角力

【参赛人数】

10～20人。

【比赛道具】

在沙滩上画一个直径为5米的圆圈。

【竞赛方法】

竞赛者每两人为一组，面对面站在圆圈中间。竞赛开始，两人上前交手，千方百计抱住对方的躯干，利用推的力量将对方推出圈外，或者将对方抱起送到圈外者均为获胜。

【竞赛规则】

只准用推和抱的方式进行竞赛，不准冲撞或踢打对手。

36. 巧取木棒

【参赛人数】

8～12人。

【比赛道具】

在平坦场地上画两条相距15米的平行线为安全线，两线中间画一个直径为3米的圆圈，在圈内圆心处立一根木棒。

【竞赛方法】

将竞赛者分成人数相等的两队，各成一路纵队面对圆圈站在两安全线后。竞赛开始，组织者发令后，各队第一人单脚跳到圈中去夺木棒，夺走后立刻跳回本队的安全线。如果在跳回安全线以前被对方追拍上，算失败，对方得1分；如果没有被拍上，算胜利，本方得2分。

在两人同时跳人圈中时，可以动脑筋想办法，利用假动作，或趁对方不注意把木棒夺走，或躲闪、推拉，先迫使对方双脚落地，再把木棒夺走。各队第一人做完换第二人做，最后哪队得分多，哪队为胜。

【竞赛规则】

参加竞赛的人必须按规定的方法单脚跳，不得两脚落地或跑步前进，否则算失败，对方得2分；竞赛时只许夺走木棒，不许移动木棒。

37. 机警换位

【参赛人数】

10～16人。

【比赛道具】

空场地一块。

【竞赛方法】

把竞赛者分成人数相等的两队，间隔3米。成两列横队面对面站立，选出一人做防守人，站在两列横队的中间。竞赛开始，队列中的人力图与对面的人互换位置，而不被守卫人发现。守卫人则要竭力监视所有企图换位的人，一经发现立即喊出他的名字，被喊出名字的队员与守卫人互换，竞赛继续进行。

【竞赛规则】

换位必须双方互换，只有一方换过去，若被守卫人喊出名字，也算被发现；守卫人发现换位，必须在其换位动作完成前喊出名字，方为有效。

38. 救　人

【参赛人数】

10～20人。

【比赛道具】

在场地上画一个大长方形，在长方形两端各画一个直径为3米的圆圈为两组的大本营。

【竞赛方法】

将竞赛者分成人数相等的两组，各自在自己的大本营内，通过猜拳决定追者和逃者。竞赛开始，逃者出大本营活动，追者就可以追拍，如被追拍到，就算被打死，应自觉地回到对方大本营。脚踏营门等待营救。被打死的人多了可以手拉手连成一串等待营救，如被同组的自由队员拍击其中的任何一人即全部被救活。逃者可以在本方大本营内短暂停留，稍作休息，此时追者不得追拍。

【竞赛规则】

在自己大本营内对方不得追拍；逃者在自己大本营内停留不得超过15秒钟。

39. 赶"猪"跑

【参赛人数】

10~20人。

【比赛道具】

篮球和排球。

【竞赛方法】

在20米的直线跑道上进行，跑道一端为起点，另一端为终点。比赛开始，运动员在起点用一根木棍拨动大小两球（篮球和排球），将"猪"赶向"猪栏"，在第二个球进"猪栏"一瞬间停表。一次2~3个人同时进行比赛，按跑道分。

【竞赛规则】

（1）在赶"猪"途中，只要有任何一球滚出跑道，当即取消比赛资格。

（2）比赛中，只能用棍赶，不能用手脚配合。

（3）以时间多少排列名次，时间少者名次列前。

第七章

超越自我的速度比拼

1. 运球争位

【参赛人数】

8~10人。

【比赛道具】

平坦场地、篮球。

【竞赛方法】

在竞赛场上画一个直径为8米左右的大圆圈，再在大圆圈内画上若干个直径为1.5米的小圆圈，小圆圈个数宜比竞赛者人数少3~4个。在圈的边上，竞赛者间隔一臂之距离围着圆周手持一个篮球站立。

当听到口令后，站在圆周线上的人必须按照信号（如"顺时针方向转动"或"逆时针方向转动"）运球移动并抢占小圆圈。

【竞赛规则】

对没有占据小圆圈的竞赛者罚做俯卧撑三次，或作其他处罚。

2. 三球在一方

【参赛人数】

10~20人。

【比赛道具】

排球场1个，排球3个，排球网一张，挂的高度可根据竞赛者的体力情况灵活掌握。把参赛人数分成相等的两队，分别在场的一边，其中一队持两个球，另一队持一个球。

【竞赛方法】

发令后，双方把球从网上掷向对方场内。如果某一队的场地上同时有3个球存在，则判为失误1分，然后重新分球。

【竞赛规则】

（1）在双方互相掷球时，掷出界外者算犯规，判失1分。

（2）不得将球停留3秒以上，违者亦判失1分。

3. 潜水接力

【参赛人数】

10 ~ 12 人，分成两队。

【比赛道具】

选择一处海底平坦、海水清澈的地方做赛场。水深齐腰。竞赛者分为两队，每队 5 ~ 6 人，各排成一路纵队，两队相隔 3 米。大家两脚开立。

【竞赛方法】

听到信号后，两队最后一人就潜入水中，从人腿间向前游去，游到第一人前面后就冒出水面，两腿也分开站立。这个开立动作就是排尾一人潜泳的信号。竞赛就这样继续下去。先完成潜泳的一队就是胜利者。

【竞赛规则】

（1）队伍中每人之间的距离约一米，竞赛者不能变更这个距离。

（2）潜泳的人可以拉站着的人的脚。

4. 水中跑

【参赛人数】

5 ~ 8 人。

【比赛道具】

选择一处水深的地方作赛场。选择两个浮标，相互距离约为 12 ~ 15 米。竞赛者在一个浮标处排成一列横队，面对另一个浮标。

【竞赛方法】

听到哨声后，竞赛者举起两臂，只用两脚移动（做跑步动作），向另一浮标跑去。谁先跑到，谁就获胜。

【竞赛规则】

若竞赛者将两臂放下没入水里，则算犯规，被勒令退出竞赛。

5. 跳绳接力赛跑

【参赛人数】

8 ~ 12 人。

【比赛道具】

跳绳。

【竞赛方法】

在竞赛场上画一条起跑线，各队人数相等，成单行纵队站到起跑线后。可将各队再分为两组，对面站成单行纵队，第一组跳过去，第二组跳过来。还可将队员按相等距离分站于跑道上，如同接力赛一样。在每队前方约 15 米处，设置一个标志。各队第一人持一绳，并把绳子摆到身体后面。

哨声响后，开始向前跑跳，绕过标记后照原路跑回，将绳子抢套于第二人的身后，并把绳头交给他，然后站到本队右侧另外一行。第二名继续进行。先做完的那队获胜。

【竞赛规则】

（1）两步一跳。

（2）交接跳绳时，交者在线前，接者在线上，次序不能错乱。

6. 换位置

【参赛人数】

8～16 人。

【比赛道具】

可选篮球场或排球场作赛场，在赛场上画两条间隔 3 米左右的平行线，线的长度可根据竞赛者的人数多少来决定。

【竞赛方法】

将竞赛者分成人数相等的两组，分别在两条平等线上面对面站立。推选一人做守卫人，站在两列横队的中间。

竞赛开始，一队的竞赛者选择时机与对面的竞赛者互换位置，要不被守卫人发现。而守卫人要设法监视所有企图想换位的竞赛者，一有发现立刻叫出竞赛者的名字。被叫者与守卫人互换位置和职责，竞赛重新开始。

【竞赛规则】

（1）若有一方换过去，被守卫人叫出名字，也算被发现。

（2）守卫人发现换位，必须在其换位动作完成之前叫名字。

（3）双方队员的双脚必须站在平行线后，不得超越。

7. 十字接力

【参赛人数】

16～20人。

【比赛道具】

接力棒。

【竞赛方法】

根据竞赛者的人数多少画一个圆圈，通过圆心画两条互相垂直交叉的十字线，十字线延长伸出圆外*1*米左右作为起跑线。将竞赛者分成四队，在圆内成单行站在十字线上，各自面向圈外的起跑线。四队的排首持接力棒站在起跑线后。

发令后，各排头沿圆圈按逆时针方向奔跑。当排头将要完成一圈时，第二人立即站在起跑线上等待传接棒，排头将棒传给第二人以后，自己站在本队队尾，依次类推。以先跑完的队为胜。

【竞赛规则】

（1）奔跑时不能进圈和踩线。

（2）接力棒如掉在地上，应拾起后继续跑，不能抛棒。

（3）在完成抛棒后，必须立即离开跑道，不能妨碍别人。

8. 喊号码接力赛

【参赛人数】

10～20人，分成2队。

【比赛道具】

椅子或跳高架。

【竞赛方法】

参赛者分成两队，各选队长一人。画一条横线，两队队长并排排成一列横队：两个队长并肩地站在一起，一队向左排，另一队向右排，各队依次报数。注意两队报相同号数的人，最好性别相同，身体条件

也差不多。

在横队前面 1.5~2 米地方，再画一条横线，作为接力赛跑回来时的终点线。在终点线前面 10~15 米处，放两把椅子或竖两个跳高架子。

裁判员喊一个号码，两队该号的人就向前跑去，各自绕过自己的椅子，再跑回来。回来时哪一人先跑过终点线，哪一人就替本队争得一分。跑过的两个人仍站在原位。然后裁判员再喊一个号码。

哪一队先积满规定的分数，哪一队就获得胜利。

【竞赛规则】

（1）号数没有喊出，不可跨出起跑线，否则扣分（扣多少事先约定）。

（2）不可由别人代替被喊到的人起跑，否则扣分（扣多少事先约定）。

（3）绕过椅子时，不可移动椅子，也不可碰到它，否则扣分（扣多少事先约定）。

（4）如果两人回来时同时跑过终点线，就算和局，都得不到分数或都得分。

9. 圆圈里的绳圈

【参赛人数】

16~24 人。

【比赛道具】

绳子。

【竞赛方法】

参赛者围成一个圆圈，分成四队，各选队长一人，由队长给本队队员编好号码。竞赛者的面前画一条界线。规定一定的积分数。

圆圈当中放一个绳圈（由 4~6 米长的粗绳结成），离圆周线至少3 米。

裁判员大声地喊一个号码。被喊的人立刻跑到绳边，双手握住绳圈，各向自己的队伍拉去。谁先踏到本队前面的界线，谁就给本队争得一分。注意：一只脚踏到圆圈线，也可算得分。

然后把绳圈放回原处，竞赛者也各回原位。竞赛重新开始。

这个竞赛一直进行到某一队积满规定的分数，或全部竞赛者都喊过时为止，哪一队得分多，哪一队就得胜。

【竞赛规则】

（1）用一只手或两只手拉绳圈都可以，就是不可以松手。

（2）谁也不可帮助喊到的人。

10. 能攻能守

【参赛人数】

20～60人，分成4队。

【比赛道具】

在场中画半径分别为 *15 米、17 米*的同心圆两个，在小圆周上做等距离的标记四个。

【竞赛方法】

参加竞赛的以 *20～60 人*为适合，分成人数相等的队站在大圆周上，成单行，面向圆心。各队排头面对一标记。

"预备"时，各队第一名走到前面的标记上。听到哨声后 *4 人*开始逆时针方向在小圆周外快跑，互相追逐，如能拍到前一人，则获得一分，然后再换 *4 人*追逐。如此进行，最后以得分最多的一队为优胜。也可定出时间，如每次追逐不超过一分钟等。

此竞赛还可改为甲、乙、丙 *3 队*，在圆周内设置三个书桌（或跳箱），或三角形，各队出一人，甲追乙、乙追丙、丙追甲，每人追一人，躲避一人，可自由地绕着桌子穿插着跑和追，先拍及者得分。

【竞赛规则】

（1）只准在小圈外边跑，踏及或踏过两个圆周，皆以犯规论，判其他 *3 队*各得一分。

（2）不准抢跑。

11. 三角攻防

【参赛人数】

9～18人。

【比赛道具】

平整空场地一块。

【竞赛方法】

将竞赛者分成人数相等的甲、乙、丙三队，三个排头依次和其他队的排尾相接，围成一个单行圆圈，面向圆心站立。竞赛开始，每队第一人进圆内成相距2米的等边三角形站好。发令后，就开始攻防。顺序是甲攻乙防丙，乙攻丙防甲，丙攻甲防乙。当其中一人被抓住时（摸着不算），竞赛停止。被抓住者跟随抓到者站到胜队排尾，另一人回本队。如在规定时间内，均没有被抓住，则各自回本队，然后由各队的第二、第三人等一次进行。每队每人都做过一次后，以人数多的队为胜。

【竞赛规则】

按攻防顺序进行，攻防者不得出圈，如出圈算被追者抓住；圈上的人不许阻挡竞赛者，否则判本队的人被抓住。

12. 迎面接力棒

【参赛人数】

8~20人，分成2队。

【比赛道具】

场地一块，接力棒若干。

【竞赛方法】

将竞赛者分成人数相等的两队，各队再分成两组，相距30米，面对面成纵队站立，一组排头持棒站在起跑线后。组织者发令后，排头迅速起跑，将棒交给本队另一组排头，然后站到排尾，依次进行，每人都跑完一次，先跑完的队为优胜。

【竞赛规则】

接棒时不得越出限制线，棒必须交到手中，不得抛接，掉棒时由本人拾起。

13. 往返跑

【参赛人数】

16~24人。

【比赛道具】

场地上画一条起跑线和几条折返线。

【竞赛方法】

竞赛者分成人数相等的几个队，各成纵队站在起跑线后。竞赛开始，组织者发令后，各队排尾迅速跑至第一条线处返回起跑线；再跑至第二条线，返回起跑线；直至跑到最后一条线处，返回起跑线，拍本队第二人的手后，站至队尾。第二人用同样方法折回跑，如此进行，直至全队轮换一次，最后以先跑完的队为胜。

【竞赛规则】

发令后起跑，不准抢跑；折回跑时必须触及到相应的线后能折回，否则重新跑。

14. 十字接力

【参赛人数】

16人，分成4队。

【比赛道具】

在场地上画一个边长为10米的正方形，再将正方形的对角线画好；标杆4根，分别插在四方形的角顶处；接力棒4根。

【竞赛方法】

组织者可将16个竞赛者分成人数相等的4个队，各成纵队，分别对准角顶的标杆站在对角线上，各队排头手持接力棒做好准备。竞赛开始，听到组织者发令后，排头绕过标杆沿逆时针方向绕四边形跑一圈后，将接力棒交给本队第2人后，站到队尾。第2人按同样方法进行，直至全队跑完，以先跑完的队为胜。

【竞赛规则】

绕四边形跑时，必须依次绕过标杆的外侧跑；递交接力棒后，要迅速离开跑动路线，不得妨碍他人；超越别人时，必须从外侧（右边）绕过，不得推、拉、撞、挡人；如果掉棒，必须由本人将棒拾起后，再继续跑。

15. "8"字接力赛

【参赛人数】

16～20人。

【比赛道具】

接力棒若干。

【竞赛方法】

场地上画一条起跑线，线前并排画四个 "8" 字。把竞赛者分成人数相等的四队，分别站在起跑线后，竞赛开始，各队排头手拿接力棒向前跑去，绕 "8" 字回来把棒交给下一个人。如此依次进行，以先跑结束的队获胜。

【竞赛规则】

起跑前不准踏起跑线，必须按规定的路线跑，不准进入圆圈或跨过圆圈。

16. 圆圈循环接力

【参赛人数】

20～30 人。

【比赛道具】

在空场地上画一个半径为 20～30 米的圆圈，用两条互相垂直的直线将圆圈分成四等份，取两条直线两端的延长线为四条起跑线。接力棒 4～6 根。

【竞赛方法】

将竞赛者每五人分成 1 组，分 4～6 组；在第一起跑线后每组站两人，分别为第一和第五传棒人，各组第一传棒人持接力棒做好起跑准备；在第二、三、四起跑线后每组各站一人，为第二、三、四传棒人。竞赛开始，组织者发令后，各组第一传棒人迅速跑向第二起跑线，将棒传给本组第二传棒人，并留在第二起跑线后等候接本组第五传棒人传来的接力棒；第二传棒人同法将棒传给本组第三传棒人，余者同法依次进行，第五传棒人接棒后再传给本组第一传棒人……如此循环进行，直到所有竞赛者都回到各自最初位置为止，以第五传棒人最先到达第一起跑线的组为优胜。

【竞赛规则】

竞赛开始时，外道竞赛者要有适当的提前量；必须沿圆圈外沿跑，

不分道，超越前面的人，要从外侧超；不得阻碍他人前进，传棒后可进入道圈内，等其他组的竞赛者跑过后再站回起跑线；传接棒不得抛扔，掉棒者要在原地拾棒再跑。

17. 接力区接力

【参赛人数】

10~20人。

【比赛道具】

在空场地上画50米长的直道四条，在两端线各跑道间各插2米高的小旗一面，跑道中间画一接力区（20米），接力棒2根。

【竞赛方法】

把竞赛者分成人数相等的两队，每队分甲、乙两组，各成一列横队排在接力区两边线外。甲组第一人持接力棒站在接力线后，听到发令即向前跑过本队接力区至端线，绕过小旗折回。同时乙组第一人在接力区内准确接棒，甲、乙两人在接力区内完成传接棒，乙接棒后向前绕过另一端小旗折回，再在接力区内将棒传给甲组第二人，这样依次往返，以最后一人先返回接力区的队为胜。

【竞赛规则】

必须在本队两跑道内进行；传接棒方法参照田径接力赛规则；如果犯规次数多于对方一定数量，应判对方胜。

18. 圈内单足接力

【参赛人数】

8~20人。

【比赛道具】

在空场地上画一条起跑线，距起跑线20米处，并排（相隔2米）画两个直径为1米的圆圈。

【竞赛方法】

将竞赛者分成人数相等的两队，各成一路纵队面对圆圈站在起跑线后。组织者发令后，各队排头迅速跑向圆圈，站在圈内做单足蹲起

3 次，然后跑到本队拍第二人手后站到队尾。第二人按同样方法进行，直至全队做完，以先返回的队为胜。

【竞赛规则】

发令后方能起跑；做单足蹲起时，每次必须深蹲，否则重做。

19. 障碍接力

【参赛人数】

8～20 人。

【比赛道具】

垫子两块，栏架两个，跳绳两根。画两条相距 *30* 米的直线，在距任一直线 *10* 米处间隔一定距离摆放两块垫子，*20* 米处放两个栏架，*25* 米处画两个直径为 *1* 米的圆，圆内各放一根跳绳。

【竞赛方法】

把竞赛者分成人数相等的两队，每队分成甲、乙两组，同队两组相对成纵队站在两条直线后。组织者发令后，甲组排头跑到垫子用跳远动作越过垫子，然后跑到栏架处从栏下钻过，再到圆内跳绳 *5* 次后，把绳放好，快速跑到对面拍乙组排头的手，自己则站到乙组排尾。乙组排头跑在规定的地方做规定动作。各队依次做下去，以速度快的队为胜。

【竞赛规则】

必须在规定地方做规定动作；钻栏架时如碰倒栏架必须扶起，跳绳必须放在圈内。

20. 背向起跑

【参赛人数】

20～40 人。

【比赛道具】

在平整场地上画两条相距 *15* 米的平行线，分别为起点线和终点线。

【竞赛方法】

将竞赛者分成若干组，每组 *6～8* 人。竞赛开始，第一组背对跑道蹲在起跑线后，两手扶地作好起跑的"预备"姿势。听到发令，迅速

转身起跑。在终点处设有裁判员，根据到达先后排出名次。将各组同名次者排在一起，再进行比赛。

【竞赛规则】

两次抢跑者罚下，并按最后一名计；预备时要求全蹲，如提前起动或抬臀为犯规。

21. 起跑抓人

【参赛人数】

10～20人。

【比赛道具】

在跑道上画甲乙两条起跑线，前后间隔2米，再在前面40米处画一条终点线。

【竞赛方法】

把竞赛者分成人数相等的甲乙两队，一名甲队队员和一名乙队队员两人一组，配成若干组。甲队在甲起跑线上站立，乙队在乙起跑线上站立，同一组在同一跑道上，听起跑口令后同时进行起跑，起跑后加速跑进，在到达终点前甲队队员努力追拍乙队队员，然后两队互换。最后以追拍到人数多的队为胜。

【竞赛规则】

起跑犯规罚退后半米起跑；只准直线快跑追拍，不得跑出跑道；只准追拍自己前面的同组对方队员，跑到终点即作结束；追拍时严禁推撞；起跑时应按规定的起跑动作起跑。

22. 行进间追拍

【参赛人数】

8～12人。

【比赛道具】

在场地上画50米跑道若干条，在起点线前20米和30米处各画一条线。

【竞赛方法】

竞赛者每两人为一组，一人在起点线后，用站立式起跑的方式起

跑；另一人在 30 米后用接力跑起跑的技术方法站好，当看到本道次的同组队员跑入 20 米标志线后，立即向前跑出。后面队员努力追拍，在终点线前追拍上得 1 分；没有追拍上，对方得 1 分。两人交换角色做若干次后，以得分多的为胜。

【竞赛规则】

必须在本跑道内进行，到达终点线为止；后面队员踏入 20 米标专线后，前面队员才能起跑。

23. 连续追击

【参赛人数】

20～30 人。

【比赛道具】

在平整空场地上画一个边长 10 米的正方形，每个角外画一个直径 1 米的圆圈。

【竞赛方法】

把竞赛者分为人数相等的甲、乙、丙、丁四个队，各队站在规定的边线外。竞赛开始，各队第一人站在本队圆圈内；发令后，立即按逆时针方向奔跑，各自追拍前面的人，即甲追乙，乙追丙，丙追丁，丁追甲，直到有人被拍着或跑完规定时间为止，然后各队第二人进入圆圈进行比赛。如此依次进行，最后以拍着人多的队为胜。

【竞赛规则】

每人都要通过角上的圆圈，在边线外跑动，否则算被后者拍到；只准拍不准推、拉、绊。

24. 绕人追拍

【参赛人数】

8～10 人。

【比赛道具】

平整空场地一块。

【竞赛方法】

竞赛者手拉手围成一个圆圈，面向圆心站立。组织者指定两个竞

赛者在圈外间隔 3 米左右站好，前面为逃者，后面为追者。发令后，逃者迅速从站立者手臂下逐个绕过，追者随后追赶，在两圈内追上为胜，追不上则为逃者胜。随后，组织者再指定两人站在圈外做追、逃者，前两人回到后两人的位置上手拉手站好，同法继续进行。

【竞赛规则】

追者和逃者必须在站立者手臂下逐个绕过，违者判失败；站立者不得随意放下手臂或缩小包围圈。

25. 抢圈追拍

【参赛人数】

16～30 人。

【比赛道具】

在场地上画一条起点线，起点线前 2 米画一个 10×25 米的长方形，作为追拍区。再在追拍区前 3 米处画三个直径为 1 米的圆圈。

【竞赛方法】

把竞赛者分成人数相等的 4 队，分别排成一路纵队。竞赛开始，各队第一人站在起点线后预备，发令后，各队第一人迅速向前跑去，抢占圆圈，抢到者为追者，退回追拍区，接着占圈的三人争取通过追拍区返回队伍。如果追拍者未拍到任何一人，那么占圈者分别为本队得 1 分，而追者倒扣 1 分；如 3 人中有人被拍到，则被拍到者无分，追者拍着几人得几分，其余人各得一分，其他人依次进行，以得分多的队为胜。

【竞赛规则】

追逃过程中不能越出追拍区；追者不得推打和绊倒对方。

26. 后退跑

【参赛人数】

8～20 人。

【比赛道具】

田径场跑道。

【竞赛方法】

将竞赛者分成两队，各成一路纵队沿田径场跑道向前行进。鸣笛后，各队排头立即从纵队的外侧向排尾做后退跑，先到者得 *1* 分，然后组织者再鸣笛，竞赛同法继续进行。全队均做完一次后，以积分多者为胜。

【竞赛规则】

每次都以鸣笛做起信号。

27. 抱球接力

【参赛人数】

10 ~ 20 人。

【比赛道具】

实心球 *6* 个。画两条相距 *15 ~ 20* 米的平行线，一条为起跑线，另一条为终点线，在终点线前并排画两个圆圈。

【竞赛方法】

把竞赛者分为人数相等的两队，成纵队分别站在起跑线后，各排头抱三个实心球做好准备。组织者发令后，排头迅速跑到终点把球放进圆圈内，然后返回起跑线，击第二人的手掌，第二人再跑到终点把实心球抱回，交给第三人，按同样方法依次做下去，最后以速度快的队为胜。

【竞赛规则】

持球跑时，如实心球掉到地上，应拾起再跑；接球人不准越线。

28. 信鸽放飞

【参赛人数】

20 ~ 40 人。

【比赛道具】

在空场地上画相距 *10* 米的平行线，分别为起点和折返线，在折返线上并排插数面标志旗，准备白纸若干张，上面画好信鸽。

【竞赛方法】

将竞赛者分成人数相等的几队，面对本队标志旗，站在起点线后。

竞赛开始，发令后，各队排头把纸信鸽贴到胸腹部，不用任何固定，松手快跑，绕过标志旗再返回，先到起点且纸鸽未掉下者得 1 分，接着换人重新发令，依次进行，最后以得分多的队为胜。

【竞赛规则】

如途中纸鸽掉落必须后退三步放好才能继续往前跑。

29. 跑垒记分

【参赛人数】

20～40 人。

【比赛道具】

在空场地上画一个边长为 20 米左右的正方形，在正方形的四角上各画一个直径 1.5 米的圆圈为垒。

【竞赛方法】

把竞赛者分成人数相等的四队，每队报数排定号次，成纵队分别面对本垒站在对角线上，裁判发出"预备"口令时，各队首站在本垒内，听到"开始"后立即向同一方向跑，依次通过各垒再跑回本垒，最先跑完 4 小垒的得 4 分，其余依次为 3、2、1 分，同时到，可并列计分。各队第一人跑完后第二人再跑，直到全队跑完为止，最后以各队得分多少确定名次。

【竞赛规则】

跑时必须依次通过各垒，漏踏垒的不计分。

30. 二人一球

【参赛人数】

10～20 人。

【比赛道具】

一块篮球场，足球 1 只，在篮球场中间放一个足球，篮球架为双方球门。

【竞赛方法】

将竞赛者分成人数相等的两组，按顺序报数，背对场内站在两边

线外。竞赛开始，组织者任意叫一个号，两队相同号码的两个队员迅速跑向中圈抢球，抢到后立即向对方球门运球并射门，另一方设法阻截，并破坏出界，射中者得 1 分。直到全体都做完一次为止，以得分多的组为胜。

【竞赛规则】

双方队员必须站在边线外；不得冲撞，动作粗野，对于严重犯规者，判罚点球；球出界为阻截完成。

31. 沿球台变向跑

【参赛人数】

8~10 人。

【比赛道具】

乒乓球台两副，以球台一端边的投影延长线为起跑线。

【竞赛方法】

将竞赛者分成人数相等的两组，分别成一路纵队站在球台一角 2 米外，每组第一人站在起跑线后。发令后，每组第一人沿球台变向跑一圈，要求队员面部始终对着一个方向（向前跑—侧向跑—后退跑—侧向跑），返回后击第二人手掌，第二人同法进行，依此类推，以先完成的队为胜。

【竞赛规则】

起跑线前脚不准踏线，不能抢跑；面部始终对着一个方向，否则为犯规；同时到达，犯规少者为胜；犯规总次数多于对方三次者为负。

32. 颠球比赛

【参赛人数】

8~16 人。

【比赛道具】

乒乓球、球拍各 2 个。画一条起跑线，在距起跑线 15 米处，间隔一定的距离，画 2 个直径 1 米的圆圈，圈内放乒乓球、球拍各 1 个。

【竞赛方法】

将竞赛者分成人数相等的两队，各成一路纵队面对圆圈站在起跑

线后。组织者发令后，各队首快速跑到圈内，拿起乒乓球和球拍，连续颠球 10 次，然后放下，返回起跑线，击本队第二人手后站到队尾，各队第二人按同样方法进行竞赛，依此类推。每人均做一次后，以最后一人先返回起跑线的队为胜。

【竞赛规则】

竞赛者必须在圈内颠球；必须完成所规定的颠球次数；球和拍要放在圆圈内，压线算犯规。

33. 持拍移动接力赛

【参赛人数】

10 ~ 16 人。

【比赛道具】

羽毛球场地一块，球拍 2 把。

【竞赛方法】

将竞赛者分成人数相等的两个组，排成两路纵队分别站在端线外，每组第一人在端线后手持球拍做好准备。竞赛开始，组织者发令后，双方的第一人起动向前跑，到网前用球拍触网顶后，后退跑到端线前 3 米左右处，起跳做扣杀球动作，然后将拍交给本组第二人，第二人同法进行，如此依次接力到最后一个人跑完为止，先跑完者为胜。

【竞赛规则】

向前跑时球拍前伸触网；必须按要求完成各种步法及动作；发令后或交接拍后方可越过端线。

34. 跨钻栏架接力

【参赛人数】

10 ~ 20 人。

【比赛道具】

场地一块，栏架若干，栏间距为 7 米，小旗 2 支。

【竞赛方法】

将竞赛者分成人数相等的甲、乙两队，各队成纵队站立在间距第

一栏 12 米的限制线后。组织者发令后，排头迅速起跑跨过第一个栏，钻过第二个栏，再跨过第三个栏，钻过第四个栏，从插在地上的小旗外侧绕过，再从栏外侧跑回，拍到第五个人的手，然后站到队尾。第二人、第三人依次进行，每人都跑过一次，先跑完者为胜。

【竞赛规则】

不得抢跑。如未被拍击而抢跑者，令其返回重新起跑；不允许用手推倒栏，如推倒，必须扶起来重新跨过；在跨栏时碰倒栏则不算犯规，但返回时必须将碰倒的栏扶起。

35. 转身冲刺跑

【参赛人数】

10 ~ 20 人。

【比赛道具】

平整空场地一块。

【竞赛方法】

竞赛者两路纵队向前行进。组织者每次鸣笛后，在排尾的两个竞赛者立刻从纵队的外侧向排头做冲刺跑，到达排头，先到者得 1 分。

【竞赛规则】

每次都以鸣笛作为起动信号。

36. 圆圈接力

【参赛人数】

10 ~ 20 人。

【比赛道具】

空场地上画一个直径为 10 米的圆圈。

【竞赛方法】

将竞赛者分成两组，人数相等，每组第一人站在第一起跑线后，做好起跑姿势。听到组织者发出口令后，迅速起跑，沿逆时针方向绕圈外跑一圈，当对方队员跑过本方起跑线后本方第二人走到圈外站到起跑线后面，准备起跑。跑者用手触及接力者的手时，接力者迅速起

跑，依次进行，最后 1 个人先到达本队起跑线者为胜。

【竞赛规则】

跑时踏上或踏入圈内判为犯规；没有拍到手而抢跑者，令其重新起跑；因过早站到起跑线上而影响对方跑者为犯规。

37. 蛇行跑接力

【参赛人数】

8～16 人。

【比赛道具】

在起点、终点线每 2 米处插根标杆。在相距 20～30 米的起点、终点处插 1 个标志旗。

【竞赛方法】

将竞赛者分成人数相等的两队，成纵队站在起跑线后。发令后，第一人绕杆跑进，到终点折返，击本队第二人的手后到排尾站立。第二人依前人方法跑进，以先跑完的队为优胜。

【竞赛规则】

绕行跑进中将杆碰倒者需自己扶起；必须绕过各杆后经终点标志杆后返回；击手必须在起点标志杆侧后进行。

38. 捉人竞赛

【参赛人数】

10～20 人。

【比赛道具】

15～20 米正方形场地一块。

【竞赛方法】

选出竞赛者的 1/3 做追逐者，其余做被追逐者。在场地内，画 2 米为直径的圆圈为禁区。开始后，追逐者将抓到的被追逐者送到禁区。没被抓到的被追逐者可以设法避开追逐者去营救禁区里的人，以手拍到即可。

【竞赛规则】

追逐者用手抓到即为拍到；禁区内的人不得自行离开。

39. 圆形曲线跑

【参赛人数】

8～10人。

【比赛道具】

平坦场地。

【竞赛方法】

竞赛者用一、二报数的办法分成甲乙两组轮流做"障碍物"和做曲线跑。按规定的圈数和要求做各种练习，以时间最少跑回原位的组为胜。两组交替做练习，可根据情况不断变换方法增减难度。

【竞赛规则】

"障碍物"应站在圆圈上；曲线跑者应按要求做各种练习。

40. 听号追拍

【参赛人数】

10～20人。

【比赛道具】

在空地上，画一直径为10米的圆圈。

【竞赛方法】

竞赛者站成圆圈，从排头开始1～4报数，要求每人记住自己的号数。

竞赛开始，每人按规定方向沿圆圈慢跑，在跑步中听到组织者喊"某"号时，该号数的人立即离队从队外沿圆圈向前疾跑去追赶前边的同号人。在跑回原位之前以手触及前面同号者得1分，如追不上，跑至自己原位时归队，重新开始。

【竞赛规则】

追逐者必须从圈外跑，没听到号者不得阻挡。

41. "追杀"营救

【参赛人数】

8～12人。

【比赛道具】

空场地一块。

【竞赛方法】

竞赛者分散在长方形场地上，选两人担任追捕者。鸣笛后，追捕者在场内奔跑，追捕分散在场内的其他人。凡被触及的人，必须用一只手按住被触及的部位。如第二次被触及时，就要用另一只手按住第二次被触及的部位。第三次被触及时，就要退出场地。最后只剩下两个人时，竞赛停止，由这两人担任新追捕者。

【竞赛规则】

跑到场外者不准再进入场内；追捕者用手可触及其他人身体的任何部位。

42. 前后追击

【参赛人数】

6~8 人。

【比赛道具】

空场地一块。

【竞赛方法】

竞赛者站成横排并 1~2 报数，然后手拉手围成一个圆圈。从排头开始，数 1 的为逃者，数 2 的为追者，在圆圈外隔两人以上的距离站好。听到"开始"的口令后，迅速跑动，在规定的圈数内，如追上被追者为胜，否则为逃者胜，后面依次进行。

【竞赛规则】

此竞赛可采用分组进行比赛。数 1 的为一队，数 2 的为另一队，不得碰撞，逃者为败。

43. 闯四门

【参赛人数】

10~20 人。

【比赛道具】

在场地上画两条相距 30 米的平行线，一为起跑线，一为终点线。

【竞赛方法】

组织者可将竞赛者分成人数相等的两队，各成纵队站在起跑线后，彼此间隔3米。各队选出4名队长，在两条线中间处，面向里手拉手成四方形，使其两手构成的"城门"分别对正东、西、南、北方向。竞赛开始，各队后面人两手扶前面人腰的两侧，当组织者发令后，各队迅速向前跑去，到接近城门时，组织者发出"进东门！出西门！"（可简称东、西）的口令，各队必须按组织者的命令穿城（从手下钻过）而过，然后跑向终点线，以先到的队为胜。

【竞赛规则】

穿城而过时，不得碰守城门人的手。跑动中全队不得散开，否则要原地整队后方能继续前进。到终点时，以队尾通过终点才算全队抵达。

44. 抢球大战

【参赛人数】

8～10人。

【比赛道具】

篮球1只，篮球场地一块，把篮球放在篮球场的中圈内。

【竞赛方法】

组织者可将竞赛者分成人数相等的两队，各成纵队并排（两队间隔两米）面对圆圈站在篮球场中线一端的边线外。竞赛开始，每队排头做好起跑准备。当组织者发令后，排头迅速起跑向中圈去争抢圈内的篮球，抢到球并跑出圈者为本队得1分。如在跑进中圈还没拿到篮球前被对方拍到身体，则算对方得1分；如在抢到篮球但还没跑出圈，被对方拍到身体，则双方均不得分。然后两人排至各队队尾，由两队第二人再争圈中球，方法同前。竞赛依次进行，最后以累积分多的队为胜。

【竞赛规则】

听到组织者发令后，方能起跑去抢圈中球，否则必须重新开始。在争抢圈中球时，双方如速度相近时可在圈外寻找机会抢球，一旦进入圈内而不抢球即算失败，双方退回本队。抢球时，双方只能用手拍

其身体，不得推、拉、打、撞，否则算对方得分。

45. 捧放球接力

【参赛人数】

20~40人。

【比赛道具】

在地上画一条线做起跑线，在线的正前方，每隔6~8米画一圆圈，每组2~3个，画若干组。

【竞赛方法】

把竞赛者分成4~5人一组，成纵队站在起跑线后，每组第一个人的前脚踏在起跑线上并拿三个小球作好比赛准备。鸣笛后每组第一个人前跑并把3个球依次摆进小圆圈内，跑回起跑线。由第二个人接力跑，把3个球拿回交第三个人去放，直到全组完成。先完成的组为获胜。

【竞赛规则】

球必须放在小圆内，中途掉球，捡起来继续比赛。

46. 抢球过人

【参赛人数】

8~12人。

【比赛道具】

半个足球场，足球若干。

【竞赛方法】

两人一组一球。面对面分别站在端线和罚球区线上，球放在两人中间。组织者鸣笛后，两人跑上去抢球，得球者带球越过对手的防守和对方界线，即得1分。限时完成。

【竞赛规则】

抢球规则同足球规则；在规定时间内和未带球越过对方端线或罚球区线前可以抢球。

47. 小足球赛

【参赛人数】

10~20人。

【比赛道具】

小足球1只，标杆4根。在场地上画一个边长为40米，端线宽为25米的小足球场。在小足球场的中间画一条与端线平行的直线为中线。分别在两端线中央处，用标杆各设一个宽4米的小球门。

【竞赛方法】

将竞赛者分成人数相等的两队。队员的占位分别为：守门员、中卫、中锋、后卫、前锋。竞赛前，两队先争选发球权与球门，然后在各自半场内，按位置站好。竞赛开始，鸣笛后，通过传接球，运球向前推进，逼近对方球门，以寻找有利时机射门。守队则应积极争取转守为攻。如此两队攻守对抗，交替进行。如将球射进球门判得一分，再由对方在中线开球，继续比赛。比赛分为上、下两半时，每半时可进行10~15分钟，中间休息2分钟，下半时交换场地。最后以得分多的队为胜。

【竞赛规则】

中线开球时，双方队员必须先回到自己的半场做好开球准备，开球后，方能越过中线；除守门员外，其他竞赛者不得用手触球，不得拉人、踢人或推人；违反规则，应由对方就地发球；严重犯规或在球门附近触球，应在距球门2米处罚点球。罚点球时，只能由守门员接球，其他人不得进入罚球区；射门时，球必须在守门员头部以下进入球门，否则射中无效；如球出界，由对方在界外用双手将球举过头顶后掷出的方法发球。

166

第八章

拔山扛鼎的力量之争

1. 掷 镖

【参赛人数】

8~10人。

【比赛道具】

掷镖和靶板。

【竞赛方法】

每一位参赛者要注意运用手部力量掷镖。掷完所有的镖后，组织者方可进入赛场记录成绩。

【竞赛规则】

掷镖不在靶板上不计成绩，根据参赛者累计成绩决定名次。

2. 立定跳远接力

【参赛人数】

10~20人。

【比赛道具】

平坦场地。

【竞赛方法】

先在场地上画一条起跳线，将参加者分成两队，各成单行横队，分别对面站于起跳线的两侧前方。各队选一名队长负责记录成绩。

听到哨声后，各队的队首站到起跳线上，以立定跳远的姿势，双脚跳起同时落地。各队长在对方队员着地点（离起跳线）最远处，作一记号。第二人即在此记号后，仿前人之动作向前跳出，跳完者站到末尾。如此依次进行，至各队员都跳完时，以所跳距离最远者为胜。

此竞赛可变更方式进行，如：单脚跳起单脚（原脚）落地；单脚跳起双脚落地；大踏一步，单脚跳起双脚落地等。

【竞赛规则】

（1）必须在起跳线或前人着地点后起跳。在未跳以前，双脚不得离开原地。

（2）队员在起跳时可以有前伸、屈、摆动以及其他有助于跳远的动作。

3. 拔　河

【参赛人数】

10～20 人。

【比赛道具】

画三条间隔 1.5 米的平行短线，中间的为中线，两边的为河界。拔河绳中点处系一根红带子为标志带。将拔河绳垂直于中线放在场地中间，并使标志带对准中线。

【竞赛方法】

将竞赛者分成人数相等的两队，每队选指挥员一人，其余队员分别站在河界线后拔绳两端，左右相间站立。组织者发出预备口令后，双方队员站好位置，拿起绳来，拉直，做好准备，这时绳上标志带应垂直于中线。组织者鸣笛后，双方在指挥员的指挥下，一齐用力拉，把标志带拉过本队河界的队为胜。

【竞赛规则】

必须鸣笛后才能用力拉；不得借助外力；胜负标志带过河界垂直面为准；不得随意松手。

4. 横绳拔河

【参赛人数】

10～20 人。

【比赛道具】

在场地上画间隔 3 米的平行线，10 米长的粗绳一根，放在中间线上。

【竞赛方法】

组织者可将竞赛者分成人数相等和体力相近的甲、乙两队，各成横队面对面分别站在绳的两侧。竞赛开始，甲、乙两队竞赛者交错站立,用双手将绳拿起站在中线上。组织者发令后,双方各自用力向后拉绳,力争把绳拉过本队背后的 3 米横线,以将绳拉过横线的队为胜。

【竞赛规则】

必须在组织者发令后,双方才准用力拉绳。绳子必须横拉,以绳子的大部分拉过线为胜。

5. 挽臂拔河

【参赛人数】

10~20 人。

【比赛道具】

在场上画一条中线,距中线 1.5 米处各画一条平行线。

【竞赛方法】

将竞赛者分成两组,两组竞赛者面向相反的方向站在中线上,每名竞赛者均与相邻的对方两名竞赛者互相挽臂,两脚前后开立。竞赛开始,听组织者发令后,两组用力拉,以将对方拉过前面的平行线的组为胜。

【竞赛规则】

听组织者发令后,方可用力拉;竞赛中不得随意松开臂,不得用脚绊人;将对方 1/3 的人拉过线即为取胜。

6. 拉人进出圈

【参赛人数】

8~10 人。

【比赛道具】

在平整场地上画一个圆,圆的直径约比竞赛者手拉手围成的圆的直径大 2 米。

【竞赛方法】

竞赛者在圆外手拉手围成一个圆圈,1~2 报数,数 1 的为一队,数 2 的为另一队。每个竞赛者到圆的最近距离均为 1 米。竞赛开始,

组织者发令后，每人都设法把其他竞赛者拉出圆外，被拉出圆外者不得分。在规定时间内，得分少的队为失败，得分多的队为胜。

【竞赛规则】

竞赛时不得随意脱手，否则判失 *1* 分。

7. 螃蟹背西瓜

【参赛人数】

8 人，*4* 人一组。

【比赛道具】

空场地一块，排球若干。

【竞赛方法】

4 名队员同时站于起跑线后，共同用背部夹住球前行，途中背部高球，用其他部位碰球，或球掉落，皆为犯规，须在犯规地停止前进直至重新调整好开始继续比赛；在规定距离内，用时少者胜出。

【竞赛规则】

必须夹住球。

8. 蜘蛛行

【参赛人数】

10 ~ 20 人。

【比赛道具】

实心球 *2* 个，小旗 *2* 面。在场地上画一条起点线，距起点线 *10* 米处，插 *2* 面小旗，小旗间隔 *3* 米。

【竞赛方法】

将竞赛者分成人数相等的两个队，各成一路纵队，面对小旗站在起点线后。竞赛开始，各队排头面朝上，头朝小旗，仰撑在地上，将球放在腹部。当组织者发令后，迅速以手脚协调爬向小旗，绕过小旗后返回，将球交给本队第二人后，站到队尾。第二人照前进行，全队轮流 *1* 次，以先到的队为胜。

【竞赛规则】

爬行中保持球不掉下，如掉下则应在原地将球放好后再继续爬行前进。必须听到组织者发令后或交替后，接替人拿到球并将球放好后，方能起动爬行。

9. 渡　河

【参赛人数】

10～20人。

【比赛道具】

在场地上画两条相距10～15米的平行线，中间为河道，线外为河岸在河道内画大小不同的两组圆圈作为"石块"（两组圆圈的大小、距离、位置相似）。

【竞赛方法】

把竞赛者分成人数相等的两队，各队再分成两组，成纵队面对面分别站在两端平行线后。裁判发令后，先由一端各队第一个人开始跳，从一块"石头"跳到另一块"石头"上，跳到对岸与第一人拍手，则对岸第一人跳回，如此依次进行，最后以先渡过河的队为胜。

【竞赛规则】

踏跳时，脚必须落在圈内，否则退回重跳。下一人必须被拍手后，才可进行跳跃。

10. 攻　关

【参赛人数】

8～20人。

【比赛道具】

画五条相距5米的平行线（线长3米），每条线的一端画一个直径2米的圆圈，4米长的跳绳4根。

【竞赛方法】

将竞赛者分成人数相等的两队。竞赛开始，第一队先守关。守关

队每两人持一根长绳分别站在4条短线两端的位置上，摇动长绳成为防守的关，其余队员担任裁判工作。组织者发令后，第二队开始攻关，队员一个接一个采用任何方法通过摇动的长绳，比如从绳下跑过或跳过，以免不被绳触及，安全冲过4道关者为破关而得1分，攻关时若触及长绳就算被捉住应退出并站在该关旁边的圆圈内。第二队做完后，与第一队交换进行。最后以捉住攻关者多的队为胜。

【竞赛规则】

摇绳者必须按规定的方向、幅度和节奏摇绳。攻关者不得从旁边绕过关，否则失1分，并退到关外的圆圈内。

11. 编花篮

【参赛人数】

20~30人。

【比赛道具】

平整空场地一块。

【竞赛方法】

竞赛者3~10人一组，每人弯曲右腿，以脚背勾于临近一人的膝关节处，同时自己也被别人勾住，组成一个大"花篮"。竞赛开始大家一边唱歌，一边单脚跳跃转圈。以坚持时间长的组为胜。

【竞赛规则】

必须以脚背勾住邻近一人的膝关节，脱节为失败；竞赛中应连续跳跃旋转，不得停止不动。

12. 手扶拖拉机

【参赛人数】

6~12人。

【比赛道具】

在场地上画两条相距15米的平行线，一条线为起点线，另一条线为终点线。

【竞赛方法】

竞赛者每三人为一组，站在起点线后，两人并肩站立，内侧的手相拉，内侧的两腿向后抬起，由后面一人抓住踝关节组成一台"手扶拖拉机"。竞赛开始，前面两人用单足跳跃前进，至终点线后换一个人做拖拉机手，用同样的方法至起点线，再换第三人作拖拉机手。以先到达终点线的组为胜。

【竞赛规则】

行进中拖拉机手不得松手，拖拉机不得散架；发令前不得过线和抢跑，过线后才能折返。

13. 双人跳蚂蚱

【参赛人数】

8~12人，两人为一组。

【比赛道具】

排球场一块。

【竞赛方法】

两人一组，面对面抬左腿，用右手握住对方的左脚踝，组成一个"小蚂蚱"。发令后，用侧跳的方法跳到终点线，再迅速换成左手右脚踝组成"小蚂蚱"跳回起点，先完成的组为胜。

【竞赛规则】

组成"蚂蚱"不能散架，如散架，必须原地组好才能跳。

14. 俯卧撑对抗赛

【参赛人数】

10~20人。

【比赛道具】

平整的场地一块。

【竞赛方法】

将竞赛者分成人数相等的若干组，各组竞赛者面向内手拉手成圆

圈站好。组织者预先规定每组必须完成俯卧撑的总数。当组织者发令后，每组先出一人做俯卧撑，其他人帮数数，尽力做完后站起，第二人马上接做俯卧撑，其他人接续第一人完成的数量往下数，依此类推，直至全组完成规定数量后站好举手示意，以各组完成的先后顺序排列名次。

【竞赛规则】

做俯卧撑时，身体要挺直，保持水平姿势；屈臂时，大小臂夹角要小于 90 度，否则不算；如各组每人做完一次后仍然达不到总数时，允许做第 2 次以凑足总数；接续前人做俯卧撑时，必须等前面人站直后方准后面人俯身做俯卧撑。

15. 推小车

【参赛人数】

8~10 人。

【比赛道具】

空场地一块。

【竞赛方法】

两个竞赛者一组前后站立，后面的乙抬起甲的两腿，甲用两臂撑地，立在起点线上。组织者鸣笛后，各组同时开始行进，乙推甲，甲用手代步，交替移动两手前进到终点。回到起点后，两人交换。可以做 15 米距离的比赛。

【竞赛规则】

推车的人要配合"车"的动作前进，不要用力向前推或者后拖拉；不许开玩笑，注意安全。

16. 背背抗衡

【参赛人数】

8~10 人。

【比赛道具】

在场地上画两条相距3米的平行线。

【竞赛方法】

竞赛者每两人为一组，背对背站在平行线中间，两人各面对一条平行线。两人均做马步姿势，两手放在大腿上，两人的背紧紧贴在一起。发令后，两人同时用背或臀部向后推对方，将对手推过其身前的平行线为胜。

【竞赛规则】

只许用背、臀部推，手不得接触对方；角力中，不得故意躲闪，以免发生伤害事故。

17. 斗　鸡

【参赛人数】

8~10人，两人为一组。

【比赛道具】

空场地一块。

【竞赛方法】

两个竞赛者一组，都用右手在背后握住后屈的右脚脚背，只用单腿支撑。左臂屈肘贴住身体，用合理冲撞的方法，在规定的时间内把对方撞出圈外，或者使对方握脚的手脱开并且使屈腿触及地面者为胜。

【竞赛规则】

各组之间不要乱撞，允许做假动作，躲闪动作等。握脚的手脱手而脚没有触及地面，允许重新握住，不算失败。主要用肩部、躯干、腿部进行。

18. 背人接力赛

【参赛人数】

8~16人。

【比赛道具】

在场地上画两条相距 15 米的平行线，一条为起点线，另一条为折返线。

【竞赛方法】

组织者可将竞赛者分成人数相等并为偶数的两队，各成一路纵队，彼此间隔 3 米站在起点线后。竞赛开始，各队排头将第二人背起准备起跑。当组织者发令后，排头背人迅速跑至折返线处，放下第二人，然后第二人将排头抱起后迅速跑回本队。被抱的人以手拍第二组被背人的手后站到队尾。第二组按同样方法进行，直至全队每组往返做两次，以先做完的队为胜。

【竞赛规则】

背人、抱人必须在起点线和折返线后完成方能起跑；跑的途中，如被背人落地，必须原地背好后方能继续前进。

19. 蹲跳之争

【参赛人数】

8~10 人。

【比赛道具】

在场地上画两条相距 5 米的平行线，分别为起跳线与折回线。

【竞赛方法】

将竞赛者分成人数相等的两队，各成两路纵队站在起跳线后。每队由第一组开始，两人背对背下蹲，并以两肘相拱，准备做蹲跳。竞赛开始，组织者发令后，二人同时协调用力向折回线跳进，跳过折回线后，再迅速跳回。以先跳回的组为胜，胜者得 1 分。竞赛按照上述方法依次进行，最后以积分多的队为胜。

【竞赛规则】

蹲跳时二人不得站起；必须二人都跳过折回线后，才能折回。

20. 飞跃障碍

【参赛人数】

10～15 人。

【比赛道具】

画一长约 15 米、宽约 9 米左右的场地，任选一端做投掷线。准备两根长约 3 米的竹竿，在两竿 2.20 米、2.40 米、2.60 米 3 个高度上分别系一根橡皮筋形成"障碍"，立于距投掷线约 5 米（竞赛者可放在 3 米）处的投掷区两侧。在竹竿前面每隔 1 米画一条直线，分别按序标出 3、4、5、6、7…12 米形成投掷区，铅球若干。

【竞赛方法】

竞赛者男、女分组后，各成一列横队面向投掷区立于投掷线后面，从排头开始依次轮换进行练习。练习者以所学动作、用相同质量的球在每个高度上试推三次，记录个人最好成绩及创造这一成绩所飞跃"障碍"的高度，以此确定最佳出手角度。

【竞赛规则】

可以助跑，但不能超过投掷线。

21. 单腿勾棒赛

【参赛人数】

8～10 人。

【比赛道具】

小木棒若干。

【竞赛方法】

竞赛者两人一组，平行站在起点线后。竞赛开始，每组两人均以同侧腿支撑，另一侧大腿后伸，小腿向后上勾起，身体稍前倾维持平衡。把一根木棒放在两人勾起的膝关节上。发令后，各组两人按照同一节奏向前跳进，先到终点者为胜。

【竞赛规则】

跳进过程中，棒不得掉下，否则必须捡起重来；跳进中，不得用手触及棒。

22. "火车竞赛"

【参赛人数】

8～10 人。

【比赛道具】

篮球场地一块。

【竞赛方法】

将竞赛者分成人数相等的两队，各成纵队站在起点线后，每个队员都把自己的右（左）脚伸给前面的人。左（右）手用手掌兜住后面队员伸来的脚，右（左）手搭在前人的肩上。排头不伸脚，排尾不兜脚，组成一列"火车"。听到发口令后，全队按照一个节拍向前跳动，排头可以走步。以"车尾"先通过前场端线的一组为胜。

【竞赛规则】

如遇到"翻车"或"脱节"，必须在原地接好后方能前进。"列车"完整通过终点才能计成绩。

23. 写字赛

【参赛人数】

10～30 人。

【比赛道具】

黑板一块，粉笔几支。

【竞赛方法】

把竞赛者分成人数相等的若干组，每组成一路纵队，立于起跳线后。在起跳线前 10 米处放一块黑板。组织者发令后，各组第一人用双足跳跳到黑板前，用粉笔写"正"字的第一笔画，然后跑回拍第二人的手。第二人立即用双足跳前进，在黑板上写"正"字的第二笔，然

后跑回拍第三人的手。以此方法，直到把"正"字写出。先写完"正"字的组为胜。

【竞赛规则】

必须用双足跳的方法跳到黑板前，否则回到起跳线重新跳；准备跳跃的竞赛者必须拍手后，才能跳跃前进。

24. 跳长绳比赛

【参赛人数】

16～20人。

【比赛道具】

5米长的跳绳4根。

【竞赛方法】

将竞赛者分成人数相等的4个组，每组由两个人摇绳，其余的人成一路纵队站在摇绳人的侧面。当组织者喊"预备"的口令时，各组开始摇绳。组织者发出"开始"的口令后，各组第一人由一端斜向跑入。跳一次后跑出，在另一端摇绳人侧面站好，第二人入绳内跳。依此类推，全组跳过之后再从另一端开始跳，最后以先跳完且失败次数少的队为胜。

【竞赛规则】

各队必须按规定的次数和路线跳跑。

身体任何部位使绳子摇动停止，即为失败1次。

后一人必须在前一人出绳后立即跑进绳内，否则为失败。

25. 跳远接力赛

【参赛人数】

9～20人。

【比赛道具】

空场地一块。

【竞赛方法】

3～4人为一队，两队进行比赛。两队第一人站在起跳线后，其他人站在两侧，第一人从起跳线跳出落地后，第二人在第一人的落地点处接着向前跳，然后第三人在第二人的落地点处接着向前跳，以此类推。每人每次可跳1～3次，或按顺序间隔跳3次，以跳得远的队为胜。

【竞赛规则】

接力时，跳者必须站在前者的准确落地点上，每一次跳都要用全力。

26. 反复立定跳远

【参赛人数】

8～12人。

【比赛道具】

空场地一块，场地中间画一条横线。

【竞赛方法】

将竞赛者分成人数相等的甲、乙两队。面相对站成两列横队。竞赛开始时，甲队一名队员先站在横线处做立定跳远，然后由乙队一名队员在甲队员落地最近点做立定跳远（面向甲队员起跳点），如超过甲起点线，乙队得1分，如没超过横线，甲队得1分，然后各队第二名队员同法比赛，以此类推，最后以得分多的队为胜。

【竞赛规则】

落地点应以身体落地最近点为准。

27. 接抛球赛

【参赛人数】

8～10人。

【比赛道具】

一个大跳远沙坑，布置好起跳板，在沙坑另一端2米外画一条抛

球线，指定两抛球队员，各持排球 1 只。

【竞赛方法】

将竞赛者分成人数相等的两队，事先各自选好起跳点，并做好标志，然后各成一路纵队排在助跑道两边。竞赛开始，各队第一人自起跑标志加速助跑踏跳成腾空步，在空中接住迎面抛来的球，落地后再将球传给抛球者，其他队员照此依次进行。如能在空中接住球者得 1 分，最后全队累计总分多的队为胜。

【竞赛规则】

落地时和落地后接住球者及未接住球者均不给分。

28. 跳远大战

【参赛人数】

8~24 人。

【比赛道具】

在空场地上画两条相距 8~10 米的平行线，一条为起跑线，一条为起跳线，起跳线前 2 米处间隔一定的距离，并排画 4 个长 3 米的落地区域，区域划分为 "一"、"二"、"三" 3 格，每格为 1 米。

【竞赛方法】

将竞赛者分成人数相等的四队，面对落地区，成纵队站在起跑线后。组织者发令后，各排头从起跑线快速助跑，至起跳线起跳，按落地位置计成绩，落在 "一" 处得 1 分，"二" 处得 2 分，"三" 处得 3 分，以此类推，各队跳完一轮后，以积分多的队为胜。

【竞赛规则】

起跳时，脚踩起跳线不得分；落地时脚踩落地区域内的线以低分计。

29. 纵跳摸高赛

【参赛人数】

15~20 人。

【比赛道具】

靠墙的平地，在墙上标出高度，根据高度标出得分号码，高度越高得分越多。

【竞赛方法】

将竞赛者分成人数相等的几队，每队依次纵跳摸高（原地双脚起跳），跳至最高点，手指触摸墙上的标号，摸到几号就得几分，最后，全队队员得分累加，以得分多的队为胜。

【竞赛规则】

必须原地双脚起跳，不得单脚起跳，不得助跑起跳；以手指尖触摸最高点的标号为本人得分。

30. 步步高

【参赛人数】

8 ~ 10 人。

【比赛道具】

踏跳板 2 块，不同高度的跳箱 6 架。在场地上画一条直线作为起跳线，线前依次并排放置 2 块踏跳板、2 架一节跳箱、2 架二节跳箱、2 架三节跳箱。

【竞赛方法】

将竞赛者分成人数相等的两队，分别成一路纵队面向跳箱站立。组织者发令后，各队列依次双脚跳在踏跳板上，跳箱上，最后向前跳在地上，然后左队从左侧、右队从右侧跑回起跳线，以全部跑回起跳线最快的队为胜。

【竞赛规则】

发令后才能开始跳跃；竞赛者必须用双脚同时向前跳，必须依次跳在各个跳箱上，不准漏跳，否则重跳。

31. 跳皮筋比赛

【参赛人数】

10 ~ 20 人。

【比赛道具】

画一条起跳线，线前每隔 1.5 米处拉一道橡皮筋，其高度依次为 30、40、50、60、70 厘米。

【竞赛方法】

将竞赛者分成人数相等的几队，组织者发令后，各队排头按规定的方法依次连续跳过每条橡皮筋，全部跳过者得 5 分，每触及皮筋一次扣 1 分。当排头跳过第三道橡皮筋时，第二人开始起动，如此依次进行，最后以累计得分多的队为胜。

【竞赛规则】

必须按规定的方法跳越，不得触及橡皮筋和支架。

32. 跳四方橡皮筋

【参赛人数】

10 ~ 20 人。

【比赛道具】

在平整空场地上成正方形竖立 4 根木柱，柱间拉适当高度的橡皮筋 4 根。

【竞赛方法】

将竞赛者分成人数相等的两队，各成纵队对角排列在一根木柱边。比赛开始，发令后，各组第一人开始沿着四边的橡皮筋（单、双脚）从外向内跳，然后由内向外跳出，每人跳过四边后，回本队拍第二人的手，第二人也按上述方法继续进行，各组全部完成后，以速度快的队为胜。

【竞赛规则】

跳越橡皮筋时，脚不准碰到橡皮筋，如碰到则应从头做起；跳越

前可稍加助跑；可超越对方，超越时不得相互影响。

33. 投球比远

【参赛人数】

8～10人。

【比赛道具】

铅球或实心球若干。

【竞赛方法】

每人按指定投掷方向、规定的投掷方法进行掷远（如规定原地掷、原地正面或侧面推、垫步掷、跳起掷等），投掷最远者为胜。

【竞赛规则】

按规定方法进行，违者为失败。

34. 掷远比赛

【参赛人数】

6～8人。

【比赛道具】

准备2公斤重量的沙包。

【竞赛方法】

开始后，竞赛者持沙包，两手经头放于头后，两脚左右开立，用收腹和甩臂的力量将沙包掷出，沙包落入10～11米之间的空内得1分，11～12米之间的空内得2分，以此类推。

计全组总得分数，多者为胜。

【竞赛规则】

必须用规定的动作；不准越过投掷线，投掷前后越线均为犯规。

35. 抛实心球比赛

【参赛人数】

8～10人。

【比赛道具】

场地上画一条投掷线，线前 8～12 米处画一条得分线，实心球若干。

【竞赛方法】

将竞赛者分成人数相等的两组，一组竞赛者每人间隔 2 米站在投掷线后，每人一个实心球，另一组分散站在得分线前，准备捡球。竞赛开始，持球一组双手持球，面向投掷方向，做一两次预摆，然后下蹲，接着两腿用力蹬地，两臂前上摆，迅速将球向前抛出，球过得分线者得 1 分，不过者不得分。两组交换，以累计得分多的组为胜。

【竞赛规则】

抛球时两脚不得踩线或越线；须用规定的前抛姿势抛球；球落到线上即可得分。

36. 逐步前进

【参赛人数】

8～10 人。

【比赛道具】

在场地上画一条起掷线，小竹竿 2 根，2 公斤实心球 1 个。

【竞赛方法】

将竞赛者分成人数相等的甲、乙两队，各成一列横队排在比赛场地外面。竞赛开始，甲队第一人两手持实心球放于头后用上一或两步蹬地、挺胸、收腹和挥臂动作在起掷线后将球向前掷出，球落点处将乙队竹竿横放在地上做标志。乙队第一人在竹竿后将球用同样的方法掷回去，球落点处将甲队竹竿放在地上做标志，然后依次用同样的方法进行。全体进行完毕，最后一人落点越过对方的起掷线的队胜。

【竞赛规则】

投掷时如脚踏线或越过投掷线，对方的竹竿应放在球的落点退回50 厘米处；须用规定方法掷球。

37. 抛球击弹

【参赛人数】

8~20人。

【比赛道具】

在地上画一条投掷线，距线前8米的地方并排放4个手榴弹，相互间隔2米，垒球每人1个。

【竞赛方法】

把竞赛者分成人数相等的4个队，面对手榴弹成纵队站在投掷线后，手拿小垒球。竞赛开始，各队第一人用垒球投掷自己前面的手榴弹，击倒者得1分，把手榴弹竖起，第二人接着投，如未击倒第二人接着投击，如此依次进行，在规定时间内，最后以得分多的队为胜。

【竞赛规则】

要听口令进行投击和捡球。击倒别人的手榴弹的不计分。

38. 击球进圈

【参赛人数】

20~40人。

【比赛道具】

在平整空场地上画三个半径分别为2米、4米和8米的同心圆，在半径为4米的圆上等距画4个半径为20厘米的小圆，4个小圆内分别放一个实心球，另备4个实心球。

【竞赛方法】

将竞赛者分成人数相等的4组，分别面对各自的小圆成一路纵队站在8米圆外，每组排头持一个实心球。竞赛开始，各组排头持实心球向小圆内的实心球投击，使其滚向半径2米的圆圈内，使之滚入圈内可得1分。排头投击后，迅速捡回球，并将一球放在本组小圆内，另一球交给排二，依次进行，最后得分多的组为胜。

【竞赛规则】

实心球整体进圈方为有效；投击时不得越过 8 米圆圈线。

39. 绳球打靶

【参赛人数】

10～20 人。

【比赛道具】

在墙上画三个同心圆，圆圈内分别写上 5、3、1 三个数字，圆圈越小，数字越大，距墙 3 米处画一投掷线。

【竞赛方法】

将竞赛者分成人数相等的两个队（也可组成多队）。竞赛时，比赛者站在投掷线后，将手拿的绳球轮转，对准前面墙上的圆圈投去，投中的数字即所获分数。每人可投三次，最后以得分最多的队为胜。

【竞赛规则】

不许过线，违者扣 5 分；打到外面的不得分。

40. 投圈得分

【参赛人数】

8～10 人。

【比赛道具】

在场地上画一条起投线，离该线 15 米、20 米、25 米处，并排画两个半径为 1.5 米的圆圈，相互间隔 10 米。垒球或沙袋若干个，放在起投线上。

【竞赛方法】

组织者可将竞赛者分成人数相等的两队，各成纵队分别对准圆圈站在起投线后，选出一名捡球员站在圆圈后面。竞赛开始，各队排头手持球，由近至远依次向 3 个圈投 3 个球，投中一个得 1 分，如连中 3 个圈，则得分加倍为 6 分，投完后站至队尾。第 2 人按同样方法投球，直至全队做完，以积累分数多的队为胜。

【竞赛规则】

投球时，如脚踏起投线，则投中无效。3 次投球，必须依次由近及远向 3 个圈内投球，否则投中无效。

41. 铅球保龄

【参赛人数】

10～20 人。

【比赛道具】

在一块平整场地上画数条（视分组情况而定）相距 1.6 米、长约 20 米的直线为球道，每一球道对面并排放置 3 组装满水的废饮料瓶，中间一组放 3 个，两边各放 2 个，瓶与瓶之间的距离应小于铅球的直径，组与组之间的距离为 0.2 米左右，铅球若干只。

【竞赛方法】

竞赛者男、女分组后各成人数相等的若干组（分组情况视人数多少而定），成纵队站立在起点线后准备竞赛。指定见习生或各组选派一人到对方球道担任记分、捡球、扶瓶工作。竞赛开始，各组排头用投掷臂持球模仿保龄球动作将球以地滚球的方式掷出，击中中间任一瓶得 2 分，击中任意一瓶均得分。

【竞赛规则】

击中两边任一瓶得 1 分，同时击中两瓶得 3 分，不中者得 0 分。每人一次机会，全体做完算一局结束，以累积计分决定胜负，采用三局两胜制，负者表演小节目结束竞赛。

42. 变姿运球

【参赛人数】

9～18 人。

【比赛道具】

实心球 3 个，小旗 3 面。

【竞赛方法】

把竞赛者分成人数相等的甲、乙、丙 3 队，面向小旗，各成一路纵队站在起跑线后。组织者鸣笛后，竞赛者把球夹在两腿中间俯撑爬行至小旗处。然后再把球放在腹部用仰撑爬行返回交第二人，以此类推。

【竞赛规则】

出发前必须由俯撑夹球开始；球从哪里掉下应从哪里捡起。

43. 发球得分

【参赛人数】

8~10 人。

【比赛道具】

将排球场两个半场用平行于中线的直线各分为 6 个区，从靠近中线的一个区开始到端线分别标上 1~6 的号码，排球若干。

【竞赛方法】

将竞赛者分成人数相等的两组，一组每人持一球站在本方场地端线后，另一组分散在场外准备拾球。竞赛开始，持球组从排头开始，依次用排球正面上手发球的方法将球击向对方号码区，球击出落到几号区即得几分。一组击球全部完毕，换另一组。最后以各组累计分多少决定胜负。

【竞赛规则】

按规定方法在端线后击球，否则无效；击球落入号码区内有效，出界不得分；抛球后，没做挥臂动作可重做，如做了挥臂动作而未击到球，则算一次击球。